関西学院大学研究叢書　第161編

介護人材の定着促進に向けて

職務満足度の影響を探る

大和三重
Mie Ohwa

関西学院大学出版会

介護人材の定着促進に向けて
職務満足度の影響を探る

はじめに
少子高齢社会における介護問題

　現在日本は平均寿命の伸長によって男女ともに世界でトップクラスの長寿を誇り、少子化による影響も相まって人口の急激な高齢化が進み、世界で最も高齢化の進展した超高齢社会を迎えている。そして今後もその傾向は続くと予想されている。世界に類を見ない急激な少子高齢化によって、第一に懸念されるのは社会保障費の増大や経済活動の鈍化等の経済への影響である。それだけではなく人口構造の変化は、地域社会や家族にも大きな影響を与える。そして何よりも深刻に影響を与えているのが介護である。高齢者のなかでも75歳以上の後期高齢者の人口増加が著しいため、それに伴って要介護高齢者が増加し、介護ニーズも増大の一途を辿っている。すでに家族の介護力は限界を迎え、介護の社会化を目指すべく1997年に介護保険法が制定された。2000年4月の制度導入から13年が経過し、この間3年ごとの事業計画に伴い様々な改正が行われてきた。加えて、2005年には介護保険法改正が施行され、「団塊の世代」が65歳以上の高齢者になる2015年を見据えて、持続可能な制度にするための大幅な改革があった。そこでは介護保険制度を予防重視型システムに転換することや地域で支える介護を目指して、地域包括支援センターや地域密着型サービスが創設された。また、在宅での生活を支えることを重視して発足した介護保険制度であるが、実際には施設入所希望者が急増し、多くの待機者を生む結果となった反省から、利用者の負担の均衡を図るために施設居住費と食費を介護報酬から切り離し、全額自己負担とすることとした。

　潜在的な介護ニーズの増大に加え、介護保険制度の導入によってサービ

スを権利として利用しやすくなったことで、介護サービスの利用は年々増加している。2012年の第5期事業計画[2]では、要介護者の在宅生活を支援するため、24時間定期巡回・随時対応型サービスや介護と看護による複合型サービスの新設等が盛り込まれ、在宅サービスを重点的に拡充することが目指されているが、一方で施設サービスは依然として人気が高く、介護老人福祉施設では全体の入所者とほぼ同数の42万人が待機しているといわれている[3]（厚生労働省website）。

　今や介護問題は現代社会にとって避けることのできない重要な課題であり、産業としても介護市場の規模は2020年には19兆円の巨大市場となると予測されている（厚生労働省website）。そこで働く介護労働者は、介護の必要な高齢者やその家族にとって救世主とも思われる存在であるが、2005年ごろから介護人材不足が表面化し、2006年度の調査では施設の45％において介護職員が不足していると回答している（(財)介護労働安定センター2007)[4]。

　筆者は社会福祉系学部で学生指導にあたるなかで、高齢者福祉を学んだ卒業生が介護老人福祉施設に就職するのを見送ってきた。卒業生は介護を学んだわけではないが、高齢者福祉分野で就職をする場合、いずれ相談職に就くとしても当初は介護職から始めることを求められることが多い。意欲をもって現場に飛び込んだ卒業生たちが、自らの想いと現実のギャップに苦しみ、悩みを打ち明けにくることがしばしばある。なかには2年目にして現場の上司がいなくなり、フロアー[5]では一番の先輩になったと報告してくることもある。現場で長く勤めたいと頑張っても、同期の職員は次々と辞めて取り残されていくといった訴えもある。このような状況を聞くにつけ、なぜ介護現場の人材が定着しないのか、何が問題なのかを探りたいと考えるようになった。大学で高齢者福祉のあるべき姿を教えるだけで、現実に実践しようと飛び込んだ卒業生たちが毎年数名ずつ挫折していく状況を看過できない問題だと考えたからである。

　また、介護職のキャリアパスとして経験を5年積んだ後はケアマネジャー（介護支援専門員）を取得してケアマネジメント業務に就く者も多い。ケアマネジャーの業務は、施設の介護職員と異なり、利用者のニーズ

をアセスメントし、適切なサービスを提供するためサービス提供機関と利用者の調整を行う在宅高齢者の支援を主とする業務である。したがって、同じ介護保険制度下における介護労働者であっても施設の介護職員とは労働条件や勤務体制、賃金など全く異なる。そこで、本書では、これらの異なる介護人材について同様の手法を用いて分析することによって、施設と在宅の両方の介護人材の定着促進要因を明らかにすることができると考える。

本書は以下の構成となる。

第1章では、わが国において介護問題が顕在化してから介護保険制度の発足に至るまでを概観し、介護保険制度の基本的な考え方を述べる。また、介護保険制度の導入によって変化したことやその後社会問題となった介護人材不足の背景を述べる。介護職員の離職率が全産業と比較して高いこと、就中、施設における介護職員の職場への定着が大きな課題となっていることを確認する。

第2章では、介護労働の現場では就職して3年未満で離職する者が7割を超えていることから、就業継続意向に影響を与える要因を探ることを目的として、介護職員に職務満足度を調査するとともに、就業継続に必要な条件について自由記述によるアンケート調査を実施し、介護人材の定着促進要因の検討を行う。

第3章では、第2章の調査結果をもとに、介護職員の定着を促す要因として職務満足度に着目した。(財)介護労働安定センター（2006）「介護労働者の就業実態と就業意識調査」の個票を用いて、介護老人福祉施設で直接介護に従事する介護職員（正規職員）を対象に個別の職務満足度が就業継続意向に与える影響について実証分析を行う。第2章で得られた結果では、賃金が重要な要因の1つとして挙げられていたため、ここでは賃金のコントロール変数を加えて要因分析を行う。

第4章は、介護職員が勤務する介護老人福祉施設の体制が介護職員の離職に与える影響について実証分析を行う。一般に介護労働者の離職率は全産業と比較すると高いとされるが、施設によって離職率の高低がみられる。したがって、第3章までは個々の介護職員について就業継続意向に与

える影響を分析したが、ここでは雇用者側である介護老人福祉施設の体制が離職にどのような影響を与えるのかに着目する。特に、これまで介護職員の離職要因について賃金に関する研究は見られるが、賃金以外の要因を実証的に研究したものはほとんど見られず、先行研究で示唆されている教育・研修による人材育成が影響するとの仮説に基づき、賃金と教育・研修を中心に要因分析を行う。

第5章では、介護保険サービスの両輪のもう片方の在宅サービスについて取り上げ、在宅サービスの要とされるケアマネジャーについて定着促進要因を明らかにする。施設の介護職員と在宅のケアマネジャーは業務内容は勿論のこと、経験、基礎資格、賃金、労働条件、所属する組織の特性等において大きく異なる。同じ介護人材ではあるが、性格の異なる介護サービスに携わる労働者を対象に、第3章と同じ手法を用いて、個々の職務満足度が就業継続意向にどのように影響するのかについて分析する。

第6章も在宅サービスのなかで働く介護人材についてである。身体介護等の直接的な介助支援をするのではなく、相談業務やケアマネジメントを主とし、地域における高齢者の支援および地域包括ケアの拠点とされる地域包括支援センターの職員を取り上げる。ここでは2011年に実施した地域包括支援センターの全国調査を基に、地域包括支援センターの3職種を対象として、職務満足度を中心にスーパーバイザーの有無や業務の社会的評価に対する意識等が就業継続意向に与える影響を分析する。

補章は、介護職員の定着促進の試み（事例）である。これまでに明らかになった要因をもとに、定着促進を意図し、将来のリーダー育成を目指して外部研修を提供することで、どのような結果が得られるのかを研修後の評価によって明らかにする。筆者が参画した神戸市における「スキルアップ・福祉の仲間づくり」研修の実践事例をもとに、介護職員が他施設の職員とつながり、スキルアップを目指して研修を受けたことで、どのような変化が見られたのかを参加者の自由記述によるアンケート結果から検証する。

最後に本研究から得られた知見をもとに提言を行い、今後の課題を述べる。

本書の構成は以下の図1に示すとおりである。

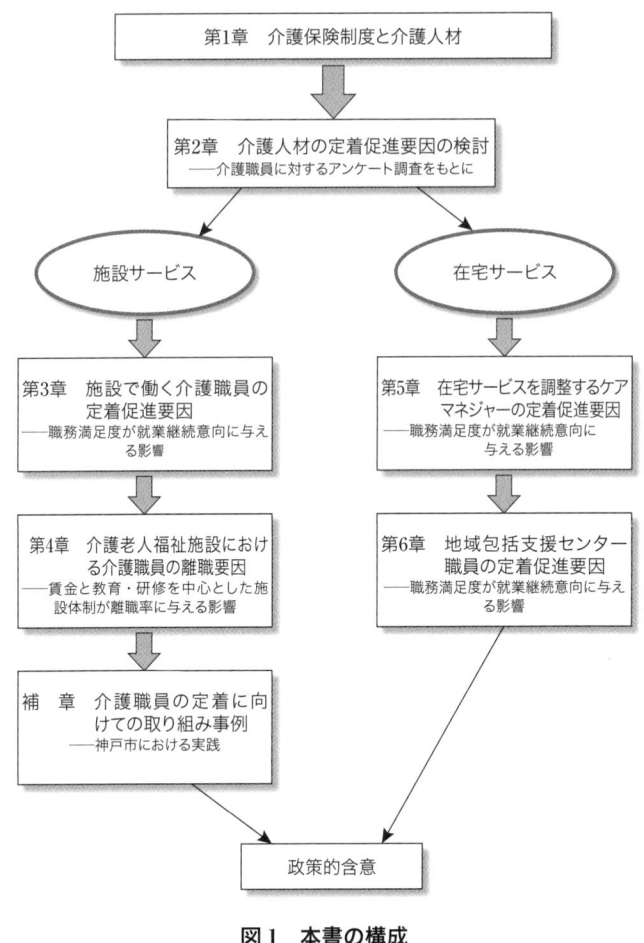

図1　本書の構成

注

1　2011年の日本人女性の平均寿命は85.9歳で前年を0.4歳下回り、27年ぶりに世界第2位になった。一方、男性は79.44歳で、前年を0.11歳下回り、世界第8位となった。男女とも低下となった原因は東日本大震災の影響が大きいとされる。しかし、2012年には男女とも前年を上回り、女性は86.41歳で再び世界第1位になり、男性は79.94歳で世界第5位となっている。

2　介護保険制度は3年ごとに事業計画を作成することとなっており、2012年4月からは第5期事業計画が実施されている。第5期介護保険事業（支援）計画の策定にかかる全国会議資料によると、改正の主なポイントは以下の6点である（厚生労働省website）。

1) 医療と介護の連携の強化等
・医療、介護、予防、住まい、生活支援サービスが連携した地域包括ケアの推進
・24時間対応の定期巡回・随時対応型サービスの創設
・複合型サービスの創設
・予防給付と生活支援サービスの総合的な実施
2) 介護人材の確保とサービスの質の向上
3) 高齢者の住まいの整備等
4) 認知症対応等の推進
5) 保険者による主体的な取り組みの推進
6) 保険料上昇の緩和

3　厚生労働省が2009年12月に各都道府県で把握している特別養護老人ホームの入所申込者の状況を集計した結果、入所申込者の数は42.1万人であった。（調査時点は都道府県によって異なる。）うち要介護1～3は24.3万人（57.6％）、要介護4～5は17.9万人（42.4％）で重度の要介護者が4割を超えている。また、要介護4～5の待機者のうち、現在は在宅で生活している者は6.7万人であった。

4　（財）介護労働安定センターによる3年に1度の大規模調査で2006年に実施された「事業所における介護労働実態調査」で、従業員の過不足状況について尋ねた結果、介護職員では、大いに不足（3.7％）、不足（12.1％）、やや不足（29.4％）で合わせて45.2％が不足状況にあると回答している。

5　一般に介護老人福祉施設では階ごとに担当する介護チームが作られていることが多く、フロアーでのトップは介護主任という位置づけになる場合が多い。

6　ここでいうニーズのアセスメントとは、要介護高齢者が直面している生活上の困難や問題について情報を集め、どのような援助が必要なのかを見極めることを意味する。

引用・参考文献

（財）介護労働安定センター（2007）「平成19年版　介護労働の現状Ⅰ　介護事業所における労働の現状　3年に1度の大規模調査　平成18年度『事業所における介護労働実態調査』結果」.

厚生労働省（website）「厚生労働分野における新成長戦略について」2010年6月
　　（http://www.mhlw.go.jp/stf/houdou/2r985200000077m9-img/2r985200000077t9.pdf）2012/9/1.

厚生労働省（website）「第5期介護保険事業（支援）計画の策定に係る全国会議資料」2011年7月11日
　　（http://www.mhlw.go.jp/topics/kaigo/osirase/hokenjigyou/05/index.html）2012/9/1.

厚生労働省（website）「特別養護老人ホームの入所申込者の状況」報道発表2009年12月22日
　　（http://www.mhlw.go.jp/stf/houdou/2r98520000003byd.html）2010/9/25.

目　次

はじめに ——————————————— 3
　少子高齢社会における介護問題

第1章　介護保険制度と介護人材 ——————— 15
　1　介護保険制度発足に至るまで　15
　2　介護保険制度の基本的な考え方と導入による変化　16
　3　介護保険制度の概要　18
　4　介護人材不足の背景　21

第2章　介護人材の定着促進要因の検討 ————— 29
　介護職員に対するアンケート調査をもとに

　1　はじめに　29
　2　本章の意義　30
　3　介護職員の就業継続意向に影響を与える職務満足度　31
　4　介護職員の就業継続意向に影響を与える要因　40
　5　今後の課題　43

第3章　施設で働く介護職員の定着促進要因 ———— 47
　職務満足度が就業継続意向に与える影響

　1　はじめに　47
　2　先行研究　48
　3　方法　50
　4　結果　52
　5　賃金よりも大きな影響を与える要因　54

第4章　介護老人福祉施設における介護職員の離職要因　65
賃金と教育・研修を中心とした施設体制が離職率に与える影響

1　はじめに　65
2　先行研究　66
3　目的　69
4　方法　70
5　結果　74
6　考察　77

第5章　在宅サービスを調整するケアマネジャーの定着促進要因　89
職務満足度が就業継続意向に与える影響

1　はじめに　89
2　先行研究　91
3　目的　93
4　方法　94
5　結果　97
6　適切な評価と組織特性による影響　99

第6章　地域包括支援センター職員の定着促進要因　111
職務満足度が就業継続意向に与える影響

1　はじめに　111
2　先行研究　113
3　方法　115
4　結果　117
5　考察　119

補章　介護職員の定着に向けての取り組み事例　137
神戸市における実践

1　介護職員の定着促進を目的とした研修　137
2　介護職員を対象とした「スキルアップ・福祉の仲間づくり」研修　137
3　研修後のアンケート結果　141
4　介護職員の定着を意識した研修の意義　143

おわりに ―――――――――― 155
本書のまとめと政策的含意

 1 まとめ 155
 2 本研究の結果から得られた政策的含意 158

謝　辞　177
初出一覧　180
人名索引　181
事項索引　185

第1章

介護保険制度と介護人材

1　介護保険制度発足に至るまで

　最初に介護問題が社会的に注目されるようになったのは、1968年の全国社会福祉協議会による「居宅ねたきり老人実態調査」で全国に20万人に及ぶ寝たきり高齢者（70歳以上）が存在することが明らかになったころからと言われる。当時の高齢化率（65歳以上の高齢者の総人口に占める割合）は僅か7%弱であった。寝たきりの高齢者やその生活実態の深刻さが明らかになったことで、高齢者サービスのニーズが高まりつつあるということが認識されるようになった。当時から家族介護の担い手の8割は女性で、妻、嫁、娘などが家族の介護をすることが通常とされてきた。これらの女性に強いられる負担は非常に重いものであった。身体的疲労や精神的疲労だけでなく、就労困難や医療費等による経済的困難、時間的拘束、社会的孤立など介護による様々な負担を背負って生活せざるを得ないからである。家族介護の現実はこのような厳しい状況にあったが、国は家族を含み資産とする「日本型福祉社会[1]」を政策のスローガンとして在宅介護を実施してきた。すなわち、在宅サービスを利用する場合、家族がいなければ実際には利用できず、要介護高齢者の日常生活を支える役割は家族に第一義的に求められてきた。その結果、家庭崩壊、介護心中、介護地獄などの家族介護問題の深刻化、および病院での「社会的入院[2]」を生み出してきたのである（大和田2003）。

1980年代に入って経済の悪化に伴い緊縮財政が求められるなか、この社会的入院をはじめとする老人医療費急増への対策が緊急課題となり、老人保健法制定により老人医療費の無料化は廃止された。1989年に策定された「高齢者保健福祉推進10か年戦略（ゴールドプラン）」では、「在宅サービス3本柱」といわれるホームヘルプサービス、デイサービス、ショートステイ等の在宅福祉対策の緊急整備を筆頭に、「寝たきり老人ゼロ作戦」[3]や特別養護老人ホーム、老人保健施設等の施設の緊急整備等、これまでの社会福祉政策ではなかった具体的な在宅サービスや施設サービスの整備目標数値が初めて示された。とりわけ在宅サービスについては、ホームヘルプサービスは3倍、デイサービスとショートステイは10倍の数値目標を掲げて大幅な整備が目指された。このための財源として消費税が導入されたことは記憶に新しい。さらに1990年に行われた「老人福祉法の一部を改正する法律（福祉関係八法改正）」によって在宅福祉に法的根拠が与えられた。すなわち、これまで在宅介護は家族だけに依存してきたが、市町村が中心となって、従来の施設ケアを主とした福祉から、在宅や地域を基盤にしたケアへと政策的な転換がなされたのである（奥西2005）。このように住民に身近な市町村を中心に在宅サービスを充実していくなかで、既に老人保健法に基づく保健サービスも市町村が主となって提供しており、また在宅高齢者の多くは医療サービスも同時に利用していた。したがって、「保健・医療・福祉サービス」のそれぞれが地域で連携して提供され、マンパワーや財源を適切かつ効率的に活用するシステムが求められるようになったのである（厚生労働白書2006）。

2　介護保険制度の基本的な考え方と導入による変化

　介護保険制度創設の基本的な考え方は、1994年の高齢者介護・自立支援システム研究会による報告書「新たな高齢者介護システムの構築を目指して」に見ることができる（大和田2003）。そこでは、①高齢者が自立した生活を送ることができるように要介護者に対して社会的な支援をする仕組みをつくる、②住民に最も身近な自治体である市町村を主体として制度

をつくる、③要介護者が自らの意思でサービス利用を選択でき、サービスが総合的に提供されるような利用者本位の制度をつくる、④サービスは多様な提供主体が参加できるような仕組みとする、⑤財源は社会保険方式により国民全体が共同連帯するとともに、公費も投入する、⑥効率的な介護サービスの提供によって国民の負担が過度にならないようにするとともに、保険財政の安定化を図る等が挙げられている。

　同時期に「高齢者保健福祉推進10か年戦略のみ直しについて（新ゴールドプラン）」が策定された。その理由は、1993年度に作成された地方老人保健福祉計画の集計結果において、従来のゴールドプランの目標を大幅に上回る高齢者保健福祉サービスが必要であることが明らかになったからである。加えて、このころからその後に行われる介護保険制度の導入を意図して準備が進められたと考えられる。したがって、新ゴールドプランでは、ホームヘルパー10万人を17万人に、ショートステイを5万人分から6万人分に、デイサービスを1万カ所から1.7万カ所にと、主に在宅サービス整備目標を大幅に上方修正することとなった。この時、施策の目標の中に高齢者介護マンパワーの養成・確保対策の推進が掲げられ、施設介護職員を20万人養成・確保するとして、初めて介護職員についても整備目標数値が示された。

　介護保険制度の財源については、税金による公費負担方式にするか、あるいは保険料を主とした社会保険方式にするかで議論が紛糾し、最終的には1995年にスタートしたドイツの介護保険システムを参考に、応益負担による社会保険方式を採用することとなった。社会保険方式としたものの開始後半年間は高齢者の保険料は徴収せず、その後の1年間も半額徴収にする等の措置により制度運営上の混乱が見られ、厚生省（当時）も認める「走りながら考える[4]」制度として随時変更を加えながら維持していくものとされた。

　介護保険制度の導入によって評価される最も重要なことは、高齢者介護が私的介護から社会的介護へ変化しつつあることである。それまで介護は家族がすべて担うものとされてきたが、介護する家族も高齢化していること、女性の社会進出が増加していること、それに伴って介護に対する意識

も変化していること、一人暮らしや高齢者夫婦のみの世帯が増加し、家族形態が変化していること等による影響を受け、私的介護は限界を迎えていたと言える。杉澤（2005）によれば、こうした介護の社会化が切実に求められていた状況で介護保険制度が導入されたことにより、高齢者やその家族が介護保険制度の理念を理解し、受け入れるといった意識が定着してきた。介護保険制度の実施後、社会保険方式による保険料負担はサービスを利用する権利意識を芽生えさせ、家族だけに介護を期待する傾向や、介護サービス利用への抵抗感が減少し、サービスの利用希望が増加するなどの変化が見られた。また、介護保険施設とりわけ介護老人福祉施設（特別養護老人ホーム）への入所は従来の措置制度の下でのような先入観や偏見、それに付随する罪悪感等を軽減することに貢献したと言える。措置の時代は、行政によって要介護者の施設入所が決められていたため、もとより高齢者やその家族の自由な選択による利用ではなかったが、老人ホームへの入所自体が「福祉のお世話になる」という救貧政策の名残を引きずっており、介護を必要とするための入所であるにもかかわらず誤解や偏見を伴うものであった。しかし、介護保険制度の実施により、要介護度の認定は市町村が行うものの、利用者が自由に選択して施設サービスや在宅サービスを利用することができるようになった。したがって、在宅サービスの利用増加はもちろんのこと、介護度が高くなり日常生活の大部分でケアが必要になった要介護高齢者やその家族にとって施設に入所して施設サービスを利用することは現実的な選択肢となったのである。

　次に、介護保険制度はどのような仕組みで構成されているのか、その概要をみることとする。

3　介護保険制度の概要

　図1に示す通り、保険者は国民に最も身近な行政である市町村・特別区であるが、財源の50%を占める公費の内訳は国、都道府県の負担もそれぞれ決められている。被保険者は65歳以上の第1号被保険者と40歳から64歳までの第2号被保険者の2つに区分される。第1号被保険者の場合、

保険料は保険者ごとに所得段階に応じた定額保険料が設定される。3年ごとの事業計画作成時に見直され、第5期の現在では全国平均4,972円で、第1期の2,911円から1.7倍に増額されている。

介護保険給付を受けるには、市町村に要介護認定の申請を行い、要介護度が決定した後、要介護1〜5のいずれかを認定された場合、ケアマネジャーに依頼して介護サービス計画（ケアプラン）を作成する。要介護度ごとに限度額が決められているため、基本的にその範囲内でサービスを利用する。その際、利用料の1割を負担する。

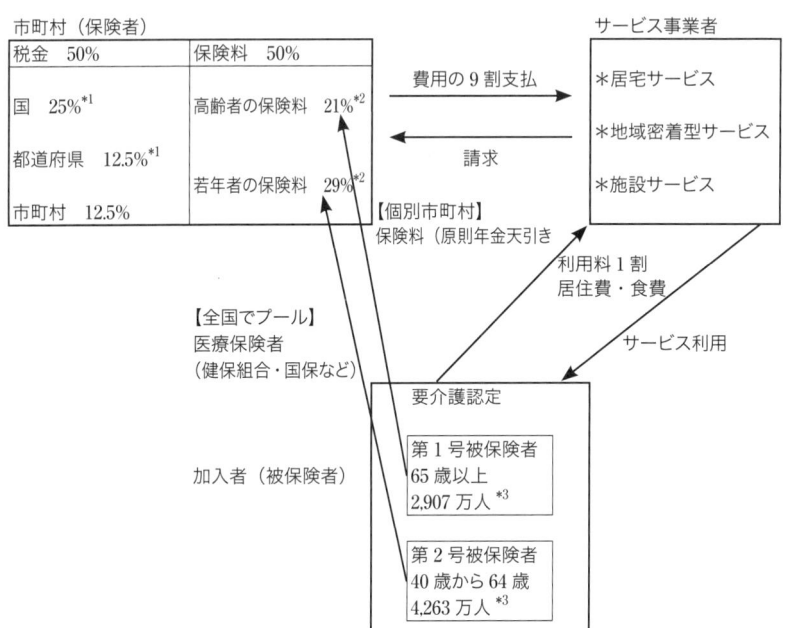

*1 施設等給付の場合は国20%、都道府県17.5%
*2 人口比に基づき増減
*3 第1号被保険者は平成23年4月現在、第2号被保険者は平成22年の月平均の数字

図1　介護保険制度の仕組み
　　出所：厚生労働省『厚生労働白書　平成24年版』p. 229　介護保険制度の体系図を元に筆者加筆修正

次に、介護保険制度で利用するサービスとなる介護保険給付の種類は表1に示すとおりである。

表1　介護保険給付の種類

	予防給付におけるサービス （要支援1・要支援2対象）	介護給付におけるサービス （要介護1～5対象）
都道府県が指定・監督するサービス	○介護予防サービス 　介護予防訪問介護 　介護予防訪問入浴介護 　介護予防訪問看護 　介護予防訪問リハビリテーション 　介護予防居宅療養管理指導 　介護予防通所介護 　介護予防通所リハビリテーション 　介護予防短期入所生活介護 　介護予防短期入所療養介護 　介護予防特定施設入居者生活介護 　介護予防福祉用具貸与 　特定介護予防福祉用具販売	○居宅サービス 　訪問介護 　訪問入浴介護 　訪問看護 　訪問リハビリテーション 　居宅療養管理指導 　通所介護 　通所リハビリテーション 　短期入所生活介護 　短期入所療養介護 　特定施設入居者生活介護 　福祉用具貸与 　特定福祉用具販売 ○居宅介護支援　←　ケアマネジャー ○施設サービス 　介護老人福祉施設　←　介護職員 　介護老人保健施設 　介護療養型医療施設
市町村が指定・監督するサービス	○介護予防支援　←　地域包括支援センター職員 ○地域密着型介護予防サービス 　介護予防小規模多機能型居宅介護 　介護予防認知症対応型通所介護 　介護予防認知症対応型共同生活介護 ○住宅改修	○地域密着型サービス 　小規模多機能型居宅介護 　夜間対応型訪問介護 　認知症対応型通所介護 　認知症対応型共同生活介護 　地域密着型特定施設入居者介護 　地域密着型介護老人福祉施設入所者生活介護 ○住宅改修

出所：厚生労働省『厚生労働白書　平成24年版』p.232を元に筆者加筆修正

表1のように介護保険給付には要支援1及び2の認定者を対象とする予防給付サービスと要介護1から5までの認定者を対象とする介護給付サービスに分けられる。本書で対象とする介護労働者は矢印のとおりである。第2章と第3章は介護老人福祉施設の介護職員を対象とし、第4章は介護

職員が勤務している介護老人福祉施設を対象として分析した。第5章は居宅介護支援事業所で働くケアマネジャー、第6章は地域包括支援センターの職員を対象として分析を行った。

4 介護人材不足の背景

介護労働者の職種とその割合は、施設勤務の介護職員（42.2%）、在宅サービス中心の訪問介護員（33.2%）、看護職員（11.3%）、ケアプラン作成を行うケアマネジャー（介護支援専門員）（7.3%）、生活相談員（4.1%）、及び理学療法士・作業療法士（1.8%）である（（財）介護労働安定センター2008）。先述のとおり、本書では介護労働者のなかでも介護老人福祉施設に勤務する介護職員および居宅介護支援事業所のケアマネジャー、さらに地域包括支援センターの職員（3職種）を対象とする。その理由として、介護老人福祉施設は、施設サービスのなかでも介護職員が最も多く勤務し、介護による日常生活支援を基本とする施設であり、その他の施設は医療系の施設やリハビリテーションを主とする施設であり、医療系の専門職が多く介護職員の一般的な現状を捉えにくいことがある。一方ケアマネジャーは、介護保険制度を支える要として新しく誕生した職種で、在宅サービスを調整する鍵となる役割を果たす人材である。また、2005年の介護保険法改正で創設された地域包括支援センターは、地域に住む高齢者に最も身近な存在として介護予防の観点から支援する重要な役割を担っている。これらの職種を対象とすることで、施設サービスと在宅サービスという介護サービスの両輪を担う人材についてそれぞれの視点から介護労働者の問題を取り上げることができるからである。

介護保険制度が実施され、介護労働への需要が毎年増加しているが、同時に介護人材の不足も深刻化している。もともと介護労働の担い手は「家事の延長」としてほとんどが女性で占められてきた。先述のとおり、家族介護も嫁や娘によって行われてきた歴史がある。したがって、現在でも介護労働者の8割は女性である（職種によって多少異なる）。現実に、結婚をして配偶者や子どもたちの生活を維持していくのは難しいほど賃金水準

が低く、「一家の大黒柱」として期待される男性が続けていくのは難しいのではないかとの指摘もある（高木 2008）。このようにジェンダーの視点からも介護労働者の問題は捉えることができるが、それよりも介護という職業に未だに専門性が認められていないことが課題である。家事の延長として女性が担うものとされてきた介護は、私的介護から社会的介護に移行し、専門職が提供するサービスとして市場が構築された現在でもその専門性を十分に理解し認められているとは言い難い。したがって、資格や経験がなくても採用し、十分な教育研修を提供しないまま使い捨ての労働力として扱い、結果として早期離職を生み出し、介護職員が頻繁に入れ替わる状況を容認している事業所も存在する。確かに介護の専門性は、その成果を数値で表すことが難しく客観的な指標が作りにくいことから一般には分かりづらい。高木（2008）は、政府が日本型福祉社会を推進するなかで、政策として介護の専門性について議論してこなかった結果、低賃金や劣悪な労働条件が定着してしまったと政治の責任を追求している。

　介護保険制度が導入される前の介護分野は、措置制度により事業が実施されていたため、ほとんど公的支出によって賄われ、運営されていた。したがってそこで働く職員の人件費もまた公的支出で賄われていた。また、職場として福祉分野を選ぶ者は、困っている人の役に立ちたいという奉仕の精神をもっている傾向があり、自らの労働者としての権利を主張することや、利潤の追求をすることに抵抗があった。また、社会一般もこうした福祉の職場では労働条件が悪いことを認識したうえで選んでいるのだから、ある種仕方ないという反応であり、静観されてきた。

　しかし、この聖域とも思われていた福祉の分野に介護保険という契約制度が導入され、在宅サービスでは民間企業やNPOなど多様な事業主体が参入できるようになり、巨大な介護市場が生まれたのである。市場では競争原理が働き、利用者は質の良いサービスを選好するため、効率よく質の良いサービスを提供する事業所が生き残り、劣悪なサービスを提供する事業所は淘汰されていくはずである。質の良いサービスを提供するためには、高いレベルの人材を確保する必要があり、必然的に労働条件も良くなるはずである。しかし、残念ながら介護保険制度の下では、サービスの価

格は決まっているため、効率性が問われることになるが、介護サービスのような労働集約型産業における効率性の追求には限界がある。また、事業収益は介護報酬であり、そのなかでやりくりするしかない。人件費の占める割合は平均67.3%と既に非常に高く、「今の介護報酬では人材確保等に十分な賃金を払えない」と答えた事業所は64.7%に及ぶ（介護老人福祉施設では75.3%）（野寺 2008）。

さらに人材不足に拍車をかけたのは2006年のコムスン事件である。コムスン事件とは青森県のコムスンの訪問介護事業所が十分な人員を揃えず、虚偽の申請をして事務所開設をしていたことが発覚し、その後全国で展開していたコムスンの他の事業所でも次々と不正が発覚して、居宅介護指定が取り消され、廃業に追いやられた事件である。マスコミが大きくこの問題を取り上げ、介護労働者の厳しい労働条件が明るみに出たことで、介護の仕事は「きつい、汚い、危険な」3Kの仕事として世間に広まり、介護の職に就こうとする若者が親に反対されたり、高校生が進路指導の教員に介護福祉系を避けるように指導されたりするケースが多発した。最近では福祉・介護系学部や専門学校に学生が集まらず定員割れが続き、なかには廃校や廃学科になったところもある[6]。

このような背景から介護現場は深刻な人材不足に陥っている。介護人材を安定的に維持するためには、採用に力を注ぐだけでなく、既に職に就いている者についていかに長く継続して就労してもらうことができるかが大切である。なぜなら介護には専門性があり、介護の技術や知識は一朝一夕に身に付くものではない。加えて、介護の現場は1人で仕事をするよりチームで仕事を進めることが多いため、質の高いサービスを提供するためには継続的な研修等による技術の修得および研鑽や、職場の円滑な人間関係の維持が求められるからである。ところが、残念ながら一端職に就いた介護労働者の高い離職率も大きな問題となっている。

介護労働者全体の平均離職率は21.6%で、なかでも介護職員は25.3%で訪問介護員（16.9%）より高く、全産業の離職率（16.2%）と比較しても9ポイント以上高い。特に介護職員の1年未満の離職率が43.9%に上り、3年未満まででは約75%に達する。正社員で比較すると、全産業の離職率

は13.1%に対し、介護職員は20.4%、訪問介護員は18.2%であり、非正社員の場合は、それぞれ全産業が26.3%、介護職員が32.7%、訪問介護員が16.6%であることから、介護職員の離職率は全産業と比べて正社員において高いことが分かる。また従業員の定着状況について「低くて困っている」と答えた事業所は訪問系（19.3%）に対し、施設系入所型の事業所は34.0%と15ポイント近くも高いことが分かる（介護労働者の確保・定着に関する研究会2008[7]）。

　このように介護労働の人材不足のなかでも施設系入所型の介護職員の職場への定着が大きな課題となっていることから、次章以降、施設系入所型の介護職員が最も多く就業する介護老人福祉施設の正社員を対象に分析することとする。また、在宅サービスの要となるケアマネジャーが働く居宅介護支援事業所の離職率は26.8%と、全産業（16.2%）は勿論のこと、介護労働者全体の平均離職率（21.6%）を約5ポイント上回っており、ここでも職場への定着が問題となっていることが分かる（(財)介護労働安定センター2008）。

　わが国における人口の高齢化の進展は他の先進国に比べると飛躍的に短い期間であった。したがって要介護高齢者の増加とともに深刻化する介護問題も1980年代からのわずか20〜30年の出来事である。そこで、介護保険制度の創設によってこの介護問題に取り組んできたが、我が国の人口構造が急激に変化しているなかで、とりわけ75歳以上の後期高齢者の増加によって、要介護高齢者のさらなる増加が懸念されている。介護の社会化を標榜し、介護労働市場が生まれたことは評価できる一方で、増加する要介護高齢者のニーズに対応するためにはさらに多くの高いレベルの人材を確保しなければならない。介護人材は人数を揃えれば十分というわけではない。先述のとおり、サービスの質を担保するためには質の高い専門性を備えた人材が必要である。志をもって就職する者も多い福祉分野の職場にあって、専門職でありながら、職場に定着しないのはなぜか。賃金水準が低いことは既に指摘されているところであるが、それだけが原因なのであろうか。もともと福祉職を志望する労働者にとって賃金だけが定着阻害要因になるとは考えにくい。したがって、次章以降それぞれの職場への定

着促進要因について賃金とそれ以外の要因を中心に実証研究を行うこととする。

注

1. 日本型福祉社会とは、日本の家族や親族および地域社会のつながりを大切にする文化を福祉政策のなかに取り入れ、日本の風土にあった福祉政策システムを構築する必要性を主張したものである。
2. 社会的入院とは、医学的には治療や入院の必要がなく在宅での療養が可能であるにも関わらず、介護者がいなかったり介護を拒否されたりといった家庭の事情等で在宅復帰ができず、そのまま滞在して長期入院をする状態のことを指す。
3. 寝たきり老人ゼロ作戦とは「高齢者保健福祉推進10か年戦略」（ゴールドプラン）の重要な柱の1つと位置づけられる施策で、当時約70万人存在すると言われた寝たきり老人が2000年にはさらに増加して100万人に達するとの予測もあったため、寝たきり予防の啓発のために策定された。その後1991年3月には厚生省（当時）の依頼により専門家等による策定委員会が結成され、「寝たきりゼロへの10か条」を作成し、全国各地での利用による一層の啓発活動を行った。
4. 介護保険制度は「走りながら考える制度」として施行され、介護保険法附則第2条において施行後5年を目途に制度全般に関して検討を行い、その結果に基づいて見直しを行うこととされていた。
5. 要介護認定は、2段階の判定により決定する。要介護認定を市町村に申請すると認定調査員が訪問面接調査をするために派遣される。その結果をコンピューターに入力し、要介護認定等基準時間を基礎とした一次判定が行われる。一次判定の結果と主治医の意見書及び認定調査票に調査員が記した特記事項を参考に、保険者により設置された介護認定審査会で二次判定が下される。介護認定審査会の委員は、保健、医療、福祉に関する学識経験者のなかから市町村長が任命し、通常3人から5人で構成される。申請から要介護認定の結果通知までを30日以内と定められているため、多くの審査会が必要となり、任命される委員も必要に応じてかなりの数となっている。要介護度の区分は、要支援1～2、および要介護1～5までの7段階ある。
6. 日本学術会議　社会学委員会　福祉職・介護職育成分科会によると、介護職に対する魅力の低下から介護福祉士養成校の定員充足率は、大学（67.1％）、短期大学（51.0％）、専門学校（41.3％）、高校専攻科（17.5％）と低くなっており、専門学校や短期大学では廃校や廃学科が生じている。
7. （財）介護労働安定センター（website）の『平成24年度介護労働実態調査』によると、介護職員の離職率は17.0％で2007（平成19）年度と比較すると減少しているものの、2011（平成23年度）より再び0.9ポイント上昇している。従業員の過不足状況を問う設問では、大いに不足、不足、やや不足を合わせると57.4％（前年度53.1％）に達し、過半数の事業所で人材不足に窮している様子がうかがえる。

引用・参考文献

(財) 介護労働安定センター (2007)『平成 19 年版 介護労働の現状』(財) 介護労働安定センター.
(財) 介護労働安定センター (2008)『平成 20 年版 介護労働の現状』(財) 介護労働安定センター.
(財) 介護労働安定センター (website)『平成 24 年度介護労働実態調査結果について (事業所における介護労働実態調査及び介護労働者の就業実態と就業意識調査)』
    (http://www.kaigo-center.or.jp/report/pdf/h24_chousa_kekka.pdf) 2013/8/31.
介護労働者の確保・定着に関する研究会 (座長:大橋勇雄) (2008)「中間取りまとめ」2008 年 7 月 厚生労働省.
高齢者介護・自立支援システム研究会 (座長:大森彌) (1994)「新たな高齢者介護システムの構築を目指して」1994 年 12 月 厚生労働省.
厚生労働省 (website)「『寝たきりゼロへの 10 か条』の普及について」1991 年 3 月 7 日老健第 18 号
    (http://www.ipss.go.jp/publication/j/shiryou/no.13/data/shiryou/syakaifukushi/412.pdf) 2012/9/1.
厚生労働省 (2006)『厚生労働白書 平成 18 年版』厚生労働省.
厚生労働省 (2012)『厚生労働白書 平成 24 年版』厚生労働省.
日本学術会議 (website) 社会学委員会 福祉職・介護職育成分科会「提言 福祉職・介護職の専門性の向上と社会的待遇の改善に向けて」2011 年 9 月 20 日
    (http://www.scj.go.jp/ja/info/kohyo/pdf/kohyo-21-t133-3.pdf) 2012/9/1.
野寺康幸 (2008)『危機にある介護労働——これからの介護・雇用管理入門』(財) 介護労働安定センター.
奥西栄介 (2005)「高齢者福祉政策の動向」西下彰俊・大和三重・浅野仁編『高齢者福祉論』川島書店, pp. 31-48.
大和田猛 (2003)「介護保険制度」原田克己・大和田猛・島津淳編『福祉政策論』医歯薬出版, pp. 93-129.
杉澤秀博 (2005)「介護保険制度の導入と高齢者・家族の介護サービスに対する意識の変化」杉澤秀博・中谷陽明・杉原陽子編『介護保険制度の評価——高齢者・家族の視点から』三和書籍, pp. 35-57.
高木博史 (2008)『介護労働者問題はなぜ語られなかったのか』本の泉社.

全国社会福祉協議会(1968)「居宅ねたきり老人実態調査報告書」全国社会福祉協議会.

第2章

介護人材の定着促進要因の検討
介護職員に対するアンケート調査をもとに

1　はじめに

　2012年の調査では日本の高齢化率は23％を超え、2015年には4人に1人、2035年には3人に1人、2060年には2.5人に1人が65歳以上の高齢者となることが予想されている（内閣府 website）。このように高齢化の進んだ社会では元気な高齢者とともに介護を必要とする虚弱な高齢者や認知症高齢者も増加する（高齢者介護研究会 2003）。したがって、介護の問題は将来さらに深刻になることは必至である。医療の発達によって現代の介護は長期化、重度化しており、すでに高齢者が高齢者をケアする「老老介護」は珍しくないが、認知症の高齢者が認知症の高齢者をケアする「認認介護」も多くみられるようになった。このような状況から高齢者にとって介護問題は将来の深刻な不安材料となっており、男女60歳以上を対象にした内閣府による意識調査では、この10年間に実施された3回の調査のいずれにおいても「自分や配偶者が寝たきりや身体が不自由になり介護が必要になること」を不安と答えている人が5割以上いることからも分かる。[1]現実に介護負担のストレスや社会から孤立して追い詰められた養護者による高齢者虐待や無理心中など最悪の事態の発生も少なくない。実際に、家族に介護が必要になった場合に困る点として「食事や排せつ、入浴など世話の負担が重く、十分な睡眠が取れないなど肉体的負担が大きいこ

と」や「ストレスや精神的負担が大きいこと」と答えた者が約6割を占めている（内閣府 website）。このような要介護高齢者とその家族を支えるためには介護の専門家によるサポートが欠かせない。

2　本章の意義

　増え続ける要支援・要介護高齢者のニーズに応じるためには介護労働に従事する人材の確保が重要な課題となっているが、介護労働の現場では就職して3年未満で離職する者が7割から8割に及び[2]、全産業に比べて入職した労働者が短期間で職場を辞める傾向が強く見られていた。そのため2005年ごろから介護人材不足と離職率の高さが深刻な社会問題となり、厚生労働省の試算では2025年には介護職員が最大100万人不足する見通しである[3]（日本経済新聞2012年3月29日）。

　本章で対象とする介護老人福祉施設とは、介護保険制度に位置づけられる3種類の施設サービスの1つで、特別養護老人ホームとも呼ばれ、要介護高齢者の生活の場として介護を中心としつつも福祉的な視点にたった日常生活全般の支援をする働きがある。一人暮らしの要介護高齢者や家族での介護が限界を迎えて在宅での生活ができなくなった要介護高齢者が入所する最後の砦とされる施設で、施設サービスのなかでは最も歴史があり、入所人数も最も多い約45.4万人の要介護高齢者が生活している（厚生労働省 website）。

　2009年度の介護保険制度の見直しによって、2000年に制度が実施されて以降はじめて施設における介護報酬の3％引き上げを行った背景には、施設で働く介護職員の人材不足および早期離職が深刻な問題となっていたことがあげられる[4]。このように、要介護高齢者の最後の砦である介護老人福祉施設で直接介護に携わる介護職員の安定的確保は喫緊の非常に重要な課題である。また介護職員の多くが3年未満で離職してしまうことから、介護職員を対象として、定着を促進する要因を探ることで早期離職を防ぐ対策の一助とすることができると考えられる。

3 介護職員の就業継続意向に影響を与える職務満足度

Herzberg（1966）は、2要因理論のなかで、満足要因（動機づけ要因）と不満足要因（衛生要因）の2つの独立する要因とその結果もたらされるものについて研究し、職務満足要因が満たされると仕事への動機づけになることを示した。李（2011）は、QWL（職業生活の質）の代替指標として4つの領域別職務満足（待遇に対する満足、同僚との関係満足、上司との関係満足、成長満足）が職場継続意向に有意に影響を与えることを示した。したがって、定着促進に影響を与える要因として、職務満足度が高ければ継続して働くことにつながるという仮説が立てられるが、具体的にどのようなことに対する満足度が就労継続への意欲に影響を与えるのかを知る必要がある。

そこで入職してから短期間のうちに辞めてしまうとされる介護職員について、現在の職場で継続して働くための促進要因を調査した。A県の2009年度老人福祉施設新任職員研修参加者117人を対象として、Lee（2003）のQWL測定尺度を参考に職務満足に関する14項目および職業生活全体についてそれぞれ満足か満足でないかを尋ねた（有効回答数108）。

3.1 単純集計結果

単純集計の結果は図1から図4に示すとおりである。

なお、性別は女性70％、男性30％であった。

図4に示すとおり、満足と回答した割合が高かった項目は順に、①「利用者との人間関係」(0.87)、②「雇用の安定性」(0.84)、③「仕事の内容・やりがい」(0.82)で、いずれも8割の職員が満足している。一方、満足している割合が低かったのは「賃金」(0.31)と「昇進の機会」(0.47)で、特に賃金に対して満足していない職員が7割近くいる。

また、職業生活全体への満足度では0.62となっており満足している職員の方が多いことが分かった。

さらに個別の項目に対する職務満足度と属性等の関係を詳細にみると、

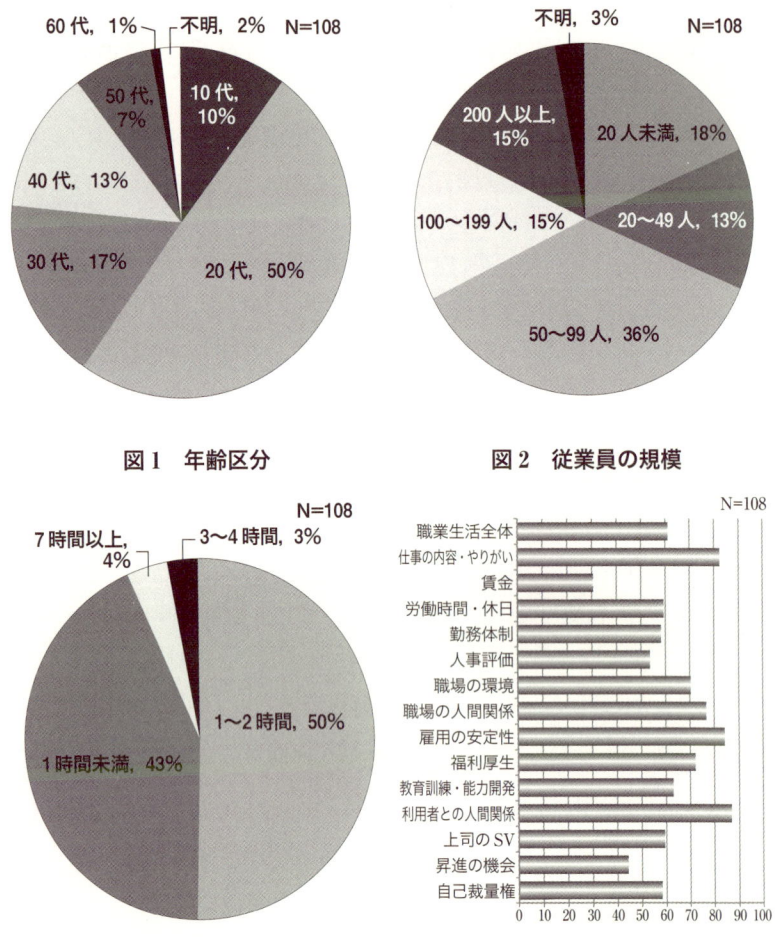

図1 年齢区分
図2 従業員の規模
図3 残業時間数
図4 満足している割合
出所：図1～4 筆者作成

　性別では「仕事の内容・やりがい」「昇進の機会」「教育訓練・能力開発のあり方」における満足の割合において女性の方が男性より満足していることが分かった。それぞれ1％および5％水準で統計的に有意な差が見られた（表1、表2）。

　次に、表3に示すように、年齢で職務満足度に違いが見られたのは「上司のスーパービジョン（指導・支援）」においてである（有意水準5％）。

すなわち、10代と20代の新任職員の方が40代よりも満足している傾向が見られた。また、従業員の規模によっても職務満足度に違いが見られた（有意水準10％）。20人未満の小さい法人に勤める職員より100人から199人の規模の大きい法人に勤める職員の方が「教育訓練・能力開発のあり方」において満足しているという結果であった（表4）。

表1　グループ統計量（職務満足度と性別）

	性別	N	平均値	標準偏差	平均値の標準誤差
仕事の内容・やりがい	女性	74	0.91	0.295	0.034
	男性	32	0.66	0.483	0.085
賃金	女性	73	0.32	0.468	0.055
	男性	32	0.28	0.457	0.081
労働時間・休日	女性	74	0.62	0.488	0.057
	男性	32	0.56	0.504	0.089
勤務体制	女性	74	0.58	0.497	0.058
	男性	32	0.59	0.499	0.088
人事評価	女性	72	0.58	0.496	0.059
	男性	32	0.47	0.507	0.090
職場の環境	女性	74	0.74	0.440	0.051
	男性	32	0.59	0.499	0.088
職場の人間関係	女性	74	0.77	0.424	0.049
	男性	32	0.78	0.420	0.074
雇用の安定性	女性	74	0.86	0.344	0.040
	男性	32	0.78	0.420	0.074
福利厚生	女性	74	0.74	0.440	0.051
	男性	32	0.72	0.457	0.081
教育訓練・能力開発	女性	73	0.71	0.456	0.053
	男性	32	0.50	0.508	0.090
利用者との人間関係	女性	74	0.89	0.313	0.036
	男性	32	0.81	0.397	0.070
上司のSV	女性	73	0.62	0.490	0.057
	男性	32	0.56	0.504	0.089
昇進の機会	女性	69	0.57	0.499	0.060
	男性	32	0.25	0.440	0.078
自己裁量権	女性	70	0.66	0.478	0.057
	男性	32	0.50	0.508	0.090
職業生活全体	女性	73	0.64	0.482	0.056
	男性	32	0.59	0.499	0.088

表2 独立サンプルの検定（性別）

	F値	有意確率	t値	自由度	有意確率(両側)	平均値の差	標準誤差	差の95%下限	信頼区間上限
仕事の内容・やりがい	37.358	0.000	3.262	104	0.001	0.249	0.076	0.098	0.401
			2.710	41.345	0.010	0.249	0.092	0.064	0.435
賃金	0.503	0.480	0.343	103	0.732	0.034	0.098	-0.161	0.229
			0.347	60.540	0.730	0.034	0.098	-0.161	0.229
労働時間・休日	0.955	0.331	0.567	104	0.572	0.059	0.104	-0.148	0.266
			0.560	57.265	0.578	0.059	0.106	-0.152	0.271
勤務体制	0.061	0.805	-0.120	104	0.904	-0.013	0.105	-0.221	0.196
			-0.120	58.687	0.905	-0.013	0.105	-0.224	0.198
人事評価	0.622	0.432	1.079	102	0.283	0.115	0.106	-0.096	0.325
			1.071	58.419	0.289	0.115	0.107	-0.100	0.329
職場の環境	6.527	0.012	1.542	104	0.126	0.149	0.097	-0.043	0.342
			1.466	52.798	0.149	0.149	0.102	-0.055	0.354
職場の人間関係	0.061	0.805	-0.123	104	0.902	-0.011	0.089	-0.188	0.166
			-0.123	59.380	0.902	-0.011	0.089	-0.189	0.167
雇用の安定性	4.281	0.041	1.073	104	0.286	0.084	0.078	-0.071	0.238
			0.991	49.835	0.326	0.084	0.084	-0.086	0.253
福利厚生	0.260	0.611	0.260	104	0.795	0.024	0.094	-0.162	0.211
			0.256	56.950	0.799	0.024	0.096	-0.167	0.216
教育訓練・能力開発	6.906	0.010	2.121	103	0.036	0.212	0.100	0.014	0.411
			2.033	53.854	0.047	0.212	0.104	0.003	0.422
利用者との人間関係	4.622	0.034	1.104	104	0.272	0.079	0.072	-0.063	0.222
			1.005	48.418	0.320	0.079	0.079	-0.079	0.238
上司のSV	0.806	0.371	0.515	103	0.608	0.054	0.105	-0.154	0.262
			0.509	57.701	0.613	0.054	0.106	-0.158	0.266
昇進の機会	16.422	0.000	3.061	99	0.003	0.315	0.103	0.111	0.520
			3.207	68.039	0.002	0.315	0.098	0.119	0.511
自己裁量権	3.438	0.067	1.510	100	0.134	0.157	0.104	-0.049	0.364
			1.476	56.988	0.145	0.157	0.106	-0.056	0.370
職業生活全体	0.783	0.378	0.485	103	0.629	0.050	0.103	-0.155	0.255
			0.478	57.429	0.634	0.050	0.105	-0.160	0.260

表3　多重比較（年齢区分、上司のスーパービジョンにおける満足度）

Tukey HSD

従属変数	(I) 年齢区分	(J) 年齢区分	平均値の差 (I-J)	標準誤差	有意確率	95% 信頼区間 下限	95% 信頼区間 上限
上司のSV	10代	20代	0.120	0.156	0.939	-0.31	0.55
		30代	0.348	0.182	0.321	-0.16	0.85
		40代	.532*	0.190	0.047	0.00	1.06
		50代	0.443	0.219	0.263	-0.17	1.05
	20代	10代	-0.120	0.156	0.939	-0.55	0.31
		30代	0.228	0.131	0.420	-0.14	0.59
		40代	.412*	0.142	0.035	0.02	0.81
		50代	0.323	0.179	0.375	-0.17	0.82
	30代	10代	-0.348	0.182	0.321	-0.85	0.16
		20代	-0.228	0.131	0.420	-0.59	0.14
		40代	0.185	0.170	0.813	-0.29	0.66
		50代	0.096	0.202	0.990	-0.47	0.66
	40代	10代	-.532*	0.190	0.047	-1.06	0.00
		20代	-.412*	0.142	0.035	-0.81	-0.02
		30代	-0.185	0.170	0.813	-0.66	0.29
		50代	-0.089	0.209	0.993	-0.67	0.49
	50代	10代	-0.443	0.219	0.263	-1.05	0.17
		20代	-0.323	0.179	0.375	-0.82	0.17
		30代	-0.096	0.202	0.990	-0.66	0.47
		40代	0.089	0.209	0.993	-0.49	0.67

表4 多重比較（従業員の規模、教育訓練能力開発における満足度）

Tukey HSD

従属変数	(I) 従業員の規模	(J) 従業員の規模	平均値の差(I-J)	標準誤差	有意確率	95%信頼区間 下限	95%信頼区間 上限
教育訓練・能力開発	1. 20人未満	2	-0.215	0.170	0.712	-0.69	0.26
		3	-0.215	0.131	0.475	-0.58	0.15
		4	-0.413	0.160	0.083	-0.86	0.03
		5	-0.350	0.160	0.193	-0.79	0.09
	2. 20～49人	1	0.215	0.170	0.712	-0.26	0.69
		3	0.000	0.153	1.000	-0.42	0.42
		4	-0.197	0.178	0.803	-0.69	0.30
		5	-0.135	0.178	0.943	-0.63	0.36
	3. 50～99人	1	0.215	0.131	0.475	-0.15	0.58
		2	0.000	0.153	1.000	-0.42	0.42
		4	-0.197	0.142	0.635	-0.59	0.20
		5	-0.135	0.142	0.876	-0.53	0.26
	4. 100～199人	1	0.413	0.160	0.083	-0.03	0.86
		2	0.197	0.178	0.803	-0.30	0.69
		3	0.197	0.142	0.635	-0.20	0.59
		5	0.063	0.169	0.996	-0.41	0.53
	5. 200人以上	1	0.350	0.160	0.193	-0.09	0.79
		2	0.135	0.178	0.943	-0.36	0.63
		3	0.135	0.142	0.876	-0.26	0.53
		4	-0.063	0.169	0.996	-0.53	0.41

3.2 自由記述内容の分析

　どのようなことがあれば現在の勤務先で働き続けることができると思うかを自由記述で尋ねたところ、職場の人間関係（48名）や賃金（48名）に関する記述が同数で多く、続いて休日・勤務体制（15名）、適切な評価（14名）、利用者との人間関係（12名）、職員数の増加（11名）、仕事内容（11名）、研修や資格取得の援助（11名）、上司（10名）等に関することが挙げられた。

　これらの記述内容を詳しく分析すると、職場での人間関係と賃金が就業継続意向に影響すると答えた者が4割を超えて最も多く、同調査で満足度が最も低かった賃金の問題がやはり離職意向に強い影響を与えることが分かった。一方で、職場での人間関係をあげた者も同様に多く、また現在の職場での人間関係に満足していると回答した者も7割を超えている。介護労働の現場は、1人ですべての業務をこなすことはできず、チームで働くことが基本である。特に施設で生活する利用者を24時間365日支援していくためにはチームによる介護体制が欠かせない。調査対象者の場合、現在満足している職場での人間関係が崩れることが離職意向に影響を及ぼすことを示しており、せっかくうまくいっている人間関係も職員の頻繁な入れ替わりによってマイナスの影響を受けることは容易に想像できる。職場での人間関係をあげた介護職員の場合、意図するところは次の2点に集約できる。

　①人間関係が一番重要である。
　介護現場で仕事を継続するには賃金や労働条件などよりも人間関係が優先するという意見が多くみられた。
　たとえば、「賃金や労働時間等が見直されれば良いとは思うが、やはり職場の人間関係が一番重要であると思う」「同じ職場での人間関係が一番です。助け合うことのできる仲間があれば乗り越えることも多いと思います」「一番は職員との人間関係です。職員が仲が悪かったら仕事にも支障があるし、何よりも生活者の方に迷惑がかかると思います」「一番は人間

関係です。仕事内容でしんどいのは頑張れるけど、職員の関係が悪くなると続けていけないと思います」「人間関係が良ければ続くと思う」などである。

②人間関係が業務の促進要因もしくは阻害要因になる。

仕事を継続できるかどうかだけでなく、人間関係の良し悪しが業務内容に影響するという文脈で述べられた。

たとえば、「職員同士互いにフォローし合いながら介護ができる。何でも相談できる職員がいること」「利用者に対して最適なケアができるように、職員同士のもめ事を減らしたい」「利用者よりも職員同士で気を遣いあっていることが苦痛で、しっかりとした利用者にそれが伝わらないか心配です」「人間関係が本当に複雑で、今までに何人もの方が辞めていっています。(中略) もう少し安定した関係になってほしいです」「職場内での人間関係が悪くなれば、クライエント・利用者は必ず見抜かれるので」「仕事でも職員関係の助け合いができていない。自分の仕事が終わればいいと思っている」「職場の同僚との円滑な関係が築けること」「何でも話せる互いに注意、意見の言い合える雰囲気」などである。

もともと賃金の安さが人材確保や定着の大きな阻害要因であることはこれまで多く指摘されてきたところである。本調査でも介護職員の就業継続意向に最も大きな影響があるのは賃金および人間関係であることが分かったが、それ以外の第3番目以降の主な要因については以下のようにまとめることができる。

第3番目に多く指摘されたのは休日や勤務体制である。施設勤務特有のシフト制からくる問題だけでなく、休日を取りにくい雰囲気が職場にある場合は、疲労が蓄積し、心身共にリフレッシュする機会が奪われることによって仕事を継続する意欲が失われるものと思われる。

それらは、「人材が少ないので希望日に休めないことが多い」「勤務体制がシフト制なのは仕方ないことだと思いますが、休日のあり方が変わってほしいです。(中略) 皆が順番に連休が取れれば、疲れや悩みもリセットし再度働く気持ちが向上するように思います」「希望の休日がとれること」

「年休等を自由に使用させてほしい」「時期をずらしての定期的連続休暇」「有給をとれる体制」「夜勤明けを休み扱いにされると2～3週間1日休める日がなく、体力的につらい」「自分の休日に会議があった場合、休む時間がとれない」などである。

　第4番目の要因は適切な評価である。仕事の内容に比べて評価されていないと感じる職員は多く、上司からの適切な評価や介護に対する社会的な認知の低さという意味も含んでいる。日頃の業務が適切に評価されていない場合は仕事を継続する意欲が失せると指摘している者が多い。業務を時間内に終えるように効率が重視されるなかで、個別ケアを尊重した場合には非効率にならざるを得ない状況を理解してほしいという思いが共通してみられる。

　実際の記述では、「自分の労働に見合った評価がされること」「自分の仕事をちゃんと評価され認められるようなことがあること」「施設側の評価、認識の改善」「評価してもらえる働きをしていると思うので、これから評価してもらいたい」「なかなか仕事が終了せずに残業になってしまうのに時間の使い方が悪いと言われる。でも、人と関わる仕事だから時間がかかるのは当然だと思います。特に認知症の方は……」「仕事の内容量に比べて賃金が安すぎると思います」「介護への評価の上昇」「自分の仕事の評価はどうか、努力の評価で、年月でなくて昇進できたらとも思います」「個々に業務態度、利用者からの支持等を含め、評価してもらい、給料、昇給、ボーナスにつなげてもらいたい」「サービス残業を必ずしないと事務処理など決してできない。そのようなことも分かってほしい」「職員を物のように扱うことなく、1人の人間として扱って欲しい」などである。

　一方、介護に対する社会的評価とは別に、人事評価という面では主に上司が行うことになる。その上司についても就業継続意向に与える影響が大きいことが分かった。

　たとえば、「良い上司に出会うこと」「上司に尊敬できる方がいる」「上司と話す機会がなければ、悩み等相談できないから」「上司とのコミュニケーションや上司と従業員一緒に施設をどうやって良くしていくのか考えたい。上の人たちで決めたことをいきなり説明もなく従業員に押し付ける

のは良くないと思う」「上司の指導、指示が適切でない」「正直にいうと、私たちに求めてくることが多く、少しでいいから軽減してほしい」「職員が自分の効率しか考えず、利用者の立場を尊重していない。それを指摘できるようなスーパーバイザー的な人がいない」「上司の仕事上での的確な指示」「現場で働いている職員が上司に頼んでいるのになかなか動いてくれない。利用者の方のことを考えて物事を言っているのに聞いてくれないと仕事をしていても嫌になる」「注意・指導だけでなくほめることもしてほしい」「信頼のおける上司の存在が必要」などである。

　継続して働くためには何が必要かを問う設問であったが、現在は満足しているが将来課題になると思われる要因を答えた人と、現実に問題を抱えているために具体的な状況を訴える内容を答えた人がいた。

　以上述べてきた就業継続意向に影響を及ぼす主な要因について内容分析した結果、次のように読み解くことができる。

4　介護職員の就業継続意向に影響を与える要因

　アンケートの単純集計からは6割以上が職業生活全体に満足しており、個別の職務満足をみてもほとんどの項目で6割に近かった。一方で、「賃金」に満足している者は3割にとどまり、最も低いことが分かった。統計的に説明力をもつ結果が得られたのは、性別で女性の方が男性より「仕事の内容・やりがい」「教育訓練・能力開発のあり方」「昇進の機会」において満足している割合が高かった。女性が7割を占める職場であるため、女性の職場といっても過言ではない。そのような状況において性別にかかわりなく能力開発や昇進の機会があると受け止められているのではないかと思われる。また上司のスーパービジョンについては、年齢の低い方が満足している割合は高かった。たとえ新任であっても40代の職員にとって上司からの指示や支援は、10代20代の若い世代に比べて素直に受け入れることが難しいと思われる。高い離職率によって頻繁に職員が入れ替わる現場では、上司といえども入職して数年の若い職員であることも多いからである。職員数の違いも満足している割合に差が見られた。職員数が少ない

ということは所属する法人の規模が小さいことを示す。20人未満の単独事業のみを運営している事業所では、教育訓練や能力開発に力を注ぐ余裕がない可能性がある。一方で規模の大きい法人では採用数や事業所も多く、法人内でも教育訓練体制が整っている場合が多いため、職員の教育訓練に対する満足度は規模の大きな法人に所属している方が高いと考えられる。

　質的内容分析からは、就業継続意向に影響を与える要因は複数あることが分かった。最も大きな要因は「職場での人間関係」と「賃金」である。それ以外の主な要因としては「休日・勤務体制」と「適切な評価」があげられる。これらの4つの要因にそれぞれ影響を与えると思われる要因も明らかになった。図1に示すとおり、賃金に見合った評価をされていないことで「適切な評価」は「仕事の内容・やりがい」に影響を与える。「仕事の内容・やりがい」は、介護の仕事が好きであったり、満足したりしている場合は、継続意思につながる。「仕事の内容・やりがい」に充実感を得るためには自分たちの個々の業務への工夫やアイデアおよび意見などが取り上げられ、反映される「自己裁量権」の幅ができるだけ広く保障されていることが必要になる。部下の新しい取り組みやアイデアなどの意欲を促進するような「上司」の存在は不可欠であり、「上司」が適切なスーパービジョンができるように介護の理念を共有する「施設長」がいなければならない。信頼のおける「上司」は「職場での人間関係」を円滑にし、部下の「教育や資格取得支援」にも熱心である。「賃金」をはじめ「休日・勤務体制」の基本を定めるのは「施設長」であり、現場が人手不足で厳しい業務負担を強いられることのないよう「職員数の増加」や「介護体制」を整備するのも施設長の役割である。職員が最も救いを求めるのが「利用者との人間関係」であり、利用者と良好な関係を維持することができれば「仕事の内容・やりがい」の満足度はより高くなることが予想される。「職場での人間関係」は職員間だけでなく利用者にも影響を与えることが指摘されており、ひいては「業務の質」に影響する。したがって、これらの要因は互いに関連し合い、職員の就業継続意向に影響するだけでなく、利用者への業務（サービス）の質にも関わっていることが分かる。

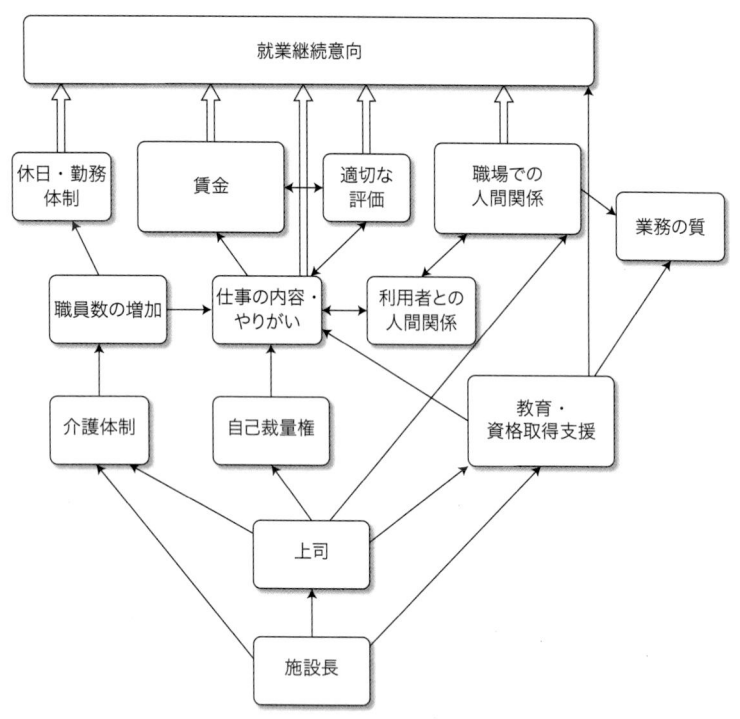

図5 介護職員の就業継続意向に影響を与える満足度要因
出所：筆者作成

　これらのことから、施設長の理念や方針はいうまでもなく、職場での日々の業務を続けていくなかで重要な役割を果たすのは上司であるといえる。介護職員が働く施設として最も多い特別養護老人ホームでは、職員のキャリアパスが十分でないことが指摘されている。一般的に現場の介護職員にとって直接の上司はユニットリーダーであり、フロアー全体では副主任、主任と呼ばれる職位が置かれている。その上には課長、部長といった全体を束ねる職位があるが、介護職としての階層は厚くない。入職して3年未満で7～8割が離職するという状況では、2年目にすでにユニットリーダーやフロアーリーダーを任されるケースも少なくない。したがって、上司といえども中間管理職としての意識が十分にあるとはいえず、忙しい介護業務のなかでどのように職員を率い、人事評価を行えばよいのかが分か

らないという場合もある。また、施設経営に携わる理事長や施設長の意向と現場の間で板挟みになり、上からの命令を実行するには現場の状況があまりにも厳しく現実的でない場合もあり、中間管理職が燃え尽きてしまうリスクも高い。その他、現場を知らない上司の場合は、介護保険制度の下でいかに施設運営を効率よく行うかに注力し、介護現場の特性をよく理解していない場合などが考えられる。これらの問題以前に検討すべき課題として、数字では表しにくく客観的評価の指標を確立しにくい性格をもつ介護という業務の成果をどのように評価するのかということについて、皆が合意できる方法を個々の施設で確立する必要がある。

5 今後の課題

　少子高齢社会を迎え、さまざまな課題が指摘されているなかで、最も深刻な課題は介護問題である。残念ながら疾病や障害によって援助や介護が必要になる高齢者は今後さらに増加する。わが国は世界で有数の長寿で高齢化率の高い国として、要援護高齢者を支える仕組みづくりをいち早く介護保険制度によって実現した。ただ、その制度を維持し存続させるには、それを支える財源と優れた人材が必要である。財源を抑制することは必要であるが、利用を抑えるのか、人件費を抑えるのか、いずれの方法をとっても問題は残る。どのようにすれば、介護に携わる人材が3kと呼ばれる職場でサービスを利用する当事者である高齢者と同じように満足し働き続けることができるようになるのか。第3章では、本章で得られた知見をもとに、介護労働者の職務満足度が就業継続意向に与える影響について実証分析を行うこととする。

注

1 　内閣府が1994年より5年毎に実施している「高齢者の日常生活に関する意識調査」の2009年の結果では、将来の自分の日常生活全般に不安を感じている人が増えており、全体の7割を超えた。個別の心配ごとで最も多いのが「自分や配偶者の健康や病気のこと」で77.8％、次いで「自分や配偶者が寝たきりや身体が不自由になり介護が必要になること」が心配な人が52.8％となっている。

2 　（財）介護労働安定センター（website）によると、2007年の介護労働実態調査の結果、介護職員の離職者のうち、当該事業所に勤務した年数が「1年未満の者」は43.9％、「1年以上3年未満の者」は34.4％で、離職者の78.3％が3年未満であった。

3 　厚生労働省は社会保障審議会の資料「社会福祉事業に従事する者の確保を図るための措置に関する基本的な指針（案）」のなかで、後期高齢者人口の伸びや要介護認定者数の伸びに比例して介護職員が増加すると考えると2004年から10年後の2014年までの間に40万人から60万人の介護職員の確保が必要と予想しており、高い離職率や団塊の世代の離職者を考慮すると、これらの離職者を補充する人材等の確保が相当数必要になると指摘している。

4 　2009年4月の改定により介護報酬が3％引き上げられた。2003年度はマイナス2.3％、2006年度はマイナス0.5％と過去2回はマイナス改定であったが、政府・与党の決定により介護従事者の処遇改善のための緊急特別対策として初めてのプラス改定となった。

引用・参考文献

Herzberg, F.（1966）*Work and the nature of man*, Cleveland: The World Publishing（北野利信訳（1968）『仕事と人間性――動機づけ―衛生理論の新展開』東洋経済新報社）.

Lee, Jung Won（2003）「高齢者福祉施設スタッフのQWL測定尺度の開発」『社会福祉学』44（1）, pp. 56-66.

（財）介護労働安定センター（website）「平成19年度介護労働実態調査結果について――事業所における介護労働実態調査」第52回社会保障審議会介護保険給付分科会資料 2-1
（http://www.mhlw.go.jp/shingi/2008/07/dl/s0717-6d_0001.pdf）2011/9/25.

高齢者介護研究会（2003）『2015年の高齢者介護――高齢者の尊厳を支えるケアの確立に向けて』厚生労働省.

厚生労働省（website）「介護保険事業状況報告（暫定）」2012年4月分
（http://www.mhlw.go.jp/topics/kaigo/osirase/jigyo/m12/1204.html）2012/8/30.

厚生労働省（website）「『社会福祉事業に従事する者の確保を図るための措置に関する基本的な指針』の見直しについて」2007年8月（2007年厚生労働省告示第289号）
（http://www.mhlw.go.jp/bunya/seikatsuhogo/dl/fukusijinzai.pdf）2012/8/30.

内閣府（website）世論調査報告書 2003年7月調査「高齢者介護に関する世論調査」
（http://www8.cao.go.jp/survey/h15/h15-kourei/index.html）2011/9/25.

内閣府（website）「平成21年度 高齢者の日常生活に関する意識調査結果 全体版」
（http://www8.cao.go.jp/kourei/ishiki/h21/sougou/zentai/index.html）2011/9/25.

内閣府（website）「平成24年版 高齢社会白書」
（http://www8.cao.go.jp/kourei/whitepaper/w-2012/zenbun/24pdf_index.html）2012/9/10.

日本経済新聞「高齢化で人材確保課題」2012年3月29日 朝刊.

李政元（2011）『ケアワーカーのQWLとその多様性――ギルド理論による実証研究』関西学院大学出版会.

資料　調査票

老人福祉施設新任職員研修受講者　アンケート

以下の質問項目の当てはまるところに○をつけて下さい。

〔性別〕　女性　　男性

〔年齢〕　10代　　20代　　30代　　40代　　50代　　60代

1. あなたは現在、次にあげる項目について満足していますか？
    - (1) 仕事の内容・やりがい　　　　　　　　　　はい　　いいえ
    - (2) 賃金　　　　　　　　　　　　　　　　　　はい　　いいえ
    - (3) 労働時間・休日等の労働条件　　　　　　　はい　　いいえ
    - (4) 勤務体制　　　　　　　　　　　　　　　　はい　　いいえ
    - (5) 人事評価・処遇のあり方　　　　　　　　　はい　　いいえ
    - (6) 職場の環境（照明・空調・騒音等）　　　　はい　　いいえ
    - (7) 職場の人間関係　　　　　　　　　　　　　はい　　いいえ
    - (8) 雇用の安定性　　　　　　　　　　　　　　はい　　いいえ
    - (9) 福利厚生　　　　　　　　　　　　　　　　はい　　いいえ
    - (10) 教育訓練・能力開発のあり方　　　　　　　はい　　いいえ
    - (11) 利用者との人間関係　　　　　　　　　　　はい　　いいえ
    - (12) 上司のスーパービジョン（指導・支持）　　はい　　いいえ
    - (13) 昇進の機会　　　　　　　　　　　　　　　はい　　いいえ
    - (14) 自分で意思決定できる裁量の範囲　　　　　はい　　いいえ
    - (15) 職業生活全体　　　　　　　　　　　　　　はい　　いいえ
2. 勤務先の法人全体の従業員の規模は何人ですか？

    20人未満　　20～49人　　50～99人　　100～199人　　200人以上
3. 平均して1日に何時間残業しますか？

    1時間未満　　1～2時間　　3～4時間　　5～6時間　　7時間以上
4. あなたの場合、どんなことがあれば今の勤務先でこれからもずっと続けていけると思いますか？思いつくことを自由に書いて下さい。

第 3 章

施設で働く介護職員の定着促進要因
職務満足度が就業継続意向に与える影響

1　はじめに

　介護保険制度が2000年に導入されてから3年ごとに事業計画が作成され、2009年には第4期目がスタートした。当時、高齢化率は22％を超え、介護保険制度の利用者は2000年施行当時の149万人から2009年2月には383万人へ157％増加した（厚生労働省website）。契約によるサービス利用や高齢者の主体性および自己決定の尊重という点では、一定の成果をあげてきたといえる介護保険制度であるが、介護に携わる人的資源の確保、専門職の育成という面では課題が多く残されている。介護労働者の低い賃金は社会問題となり、介護人材不足の主な要因と見られている。そのため、2009年度から介護従事者の人材確保・処遇改善の方策として介護報酬を改定して3％増とし、さらに「介護職員処遇改善交付金[1]」によって基金を設け、介護職員の処遇改善に取り組む業者に対して助成金を出し、賃金アップを図ろうとした。しかし、介護報酬の引き上げは必ずしも労働者の賃金に反映されるとは限らず、むしろこれまで2度にわたって報酬が切り下げられ厳しい経営を強いられてきた施設にとっては赤字補填に使うところも見られた。また基金については15,000円の賃金アップが見込まれているが、それによる介護人材不足への効果のほどは分からない。したがって、現場からはこれらの方策によって処遇が大幅に改善するとは期待できないとの声も上げられていた。2009年の時点で全国に約112万人の

介護職員がいるが、要介護高齢者数の伸びに比例して必要となる職員数を考えると、2014年には約140万人から160万人の介護労働者が必要になると予測され（厚生労働省告示 website）、介護の人材不足は深刻である。実際に新規の特別養護老人ホームのなかには建物の準備が整っても人材が確保できないために定員まで利用者を受け入れることができないという事態が起きている（東京都福祉保健局 website）。

　介護労働の現場では就職して3年未満で離職する者が7割を超えており、全産業に比べて離職率が高く、入職した労働者が短期間で職場を辞める傾向が強くみられる（（財）介護労働安定センター website）。毎年5人に1人が職場を去り、4人に1人が新規採用というように頻繁に人が入れ替わる職場では、人材の確保という面だけでなく、質の高いサービスを提供することが難しくなることを意味する。

　定着促進に影響を与える要因として、職務満足度が関連することが第2章で明らかになった。本章では、前章で示した介護職員の定着促進要因の検討結果をもとに、そもそもどのような満足度が就業継続への意欲に影響を与えるのか実証分析を行う。

2　先行研究

　職務満足度の概念の研究は主に1960年代からなされており、今日では職務満足が複数の次元から成っていると考えられている（西川1984）。Herzberg（1966）は、職務満足の強力な決定要因として、達成、承認、仕事そのもの、責任、および昇進の5つを挙げ、これらを積極的職務態度に影響を与える動機づけ要因と名付けた。Vroom（1964）は、それまでの因子分析による研究をまとめ、スーパービジョン[2]、仕事グループ、職務内容、賃金、昇進の機会、労働時間の6因子を職務満足の構成因子としている。一方、職務満足の測定法として広く用いられているJob Descriptive Index（Smith et al. 1969）は、仕事、賃金、昇進、スーパービジョン、同僚の5因子から構成されている。また、李（2011）は、全体職務満足を説明する領域別職務満足として「待遇に対する満足」「同僚との関係満足」「上

司との関係満足」「成長満足」の4つを挙げている。

　日本の介護労働者の職務満足度に関する研究では、1985年の特別養護老人ホームの介護職員を対象にした研究が初期のもので、それによると寮母は相対的に仕事に満足しているが、労働条件については不満を抱いていることや（東條・前田1985, 冷水・浅野1985）、30歳未満の若い人の場合や仕事内容に対して「不満」を抱いている人に離職意向がみられることが明らかになっている（冷水ほか1986）。中野と福渡による調査（2000）でも仕事そのものや仕事全般については満足傾向が見られるが、労働条件に不満傾向を示す者が多く、上司に対しては性・年齢を問わず不満傾向が見られるとしている。笠原（2001）は、介護職の仕事の満足度を高める要因として、上司の理解、同僚との人間関係、利用者のニーズ対応、外部への説明力などを挙げている。また堀田・佐藤（2005）は、職場や仕事のマイナス要因の多寡に関わらず、雇用管理面での取り組みが介護職の就業継続意向に影響を与えると述べている。離職意図との関連では、看護分野において李（2001）が、米国の看護師のデータを使用してメタ分析により職務満足感から離職意図への影響を検証している。

　海外ではナーシングホーム[3]のソーシャルワーカー[4]を対象にした調査（Gleason-Wynn & Mindel 1999）で、職務満足度の規定要因として上司のサポート、利用者との関係、同僚のサポート、自律性の4つが示されている。Simons & Jankowski（2008）によると職務満足度は求職行動に影響を与え、求職行動は離職意図に強く影響するとしている。介護職員を対象にした調査では、賃金や昇進に対する満足は職務満足度に有意に関連するが、離職意図には関連していない（Purk & Lindsay 2006）。

　以上のように、これまでわが国では介護職の職務満足度の要因分析が主に行われており、海外では職務満足度の研究はソーシャルワーカーを対象としたものが多くみられる。また、介護や看護職等についてはバーンアウトの研究が散見される（佐藤ほか2003, 澤田2007, 張ほか2007, 高良2004, 2007, 須賀2007, 渡邉・石川2012）。しかし西川（1982）が指摘するように、米国において職務満足と退職行動については多くの研究報告があるが（Porter & Steers 1973, Mobley et al. 1979, Hellman 1997,

Jayaratne & Chess 1984, Waxman et al. 1984, Acker 2004)、職務満足と定着意思については相関が予想されるにも関わらずほとんど研究されていない。わが国では量販店の組合員を対象にして全般的職務満足と定着意思の関係を探索的に研究したものが見られるが（西川 1982）、介護職の職務満足と就業継続意向との関係について、とりわけ個別の満足度について実証的に研究されたものはほとんどない。

そこで本研究は、先行研究および前章での定着促進要因の検討において示された仕事の内容・やりがい、賃金、労働時間、同僚との人間関係等の満足度に加え、教育・研修、人事評価、勤務体制などに対する個別の職務満足度について、就業継続意向に影響を与えるかどうかを明らかにし、介護労働における人材の定着促進のための示唆を得ることを目的とする。

3 方法

3.1 データ

使用するデータは、（財）介護労働安定センターが実施した「介護労働者の就業実態と就業意識調査」の個票データである。なお、データは東京大学社会科学研究所付属社会調査・データアーカイブ研究センター SSJ データアーカイブから提供を受けた。本調査では、介護保険法で指定された介護サービス事業を実施する事業所の中から無作為に約 1/2 の事業所を抽出し、1 事業所あたり介護にかかわる 3 人を上限に無作為抽出した 112,368 人に調査票を配布している。29,124 人の有効回答を得ており、回収率は 26.7%である。調査の実施期間は、2006 年 9 月 26 日から 10 月 31 日である。本研究では、分析目的に合わせて、そのうち介護老人福祉施設で働き、直接介護を行う正規職員（看護職除く）に分析対象を絞ることとした。なお、分析対象数は 1,292 人である。

3.2 変数および推定モデル

被説明変数には、就業継続意向を「現在の仕事を続けたいか、やめたい

か」の2値変数（y_i）に変換したものを用いる。説明変数には、大きく3種類の変数を用いる。第1番目は、職務満足度（x_i）であり、全体的な職務満足度および個別の満足度11項目の影響を検討する。第2番目は、収入（月収）、労働時間といった客観的状況を示すコントロール変数（Z_i）である。第3番目は、性別、年齢、婚姻状態、生計維持者であるか否かといった個人属性（M_i）である。

推定モデルは2値の被説明変数を適切に推定することのできるロジスティック回帰分析を採用することにし、個々の職務満足度が就業継続意向に与える影響について推定を行った。

$$y_i^* = x_i\beta + Z_i\gamma + M_i\delta + u_i$$
$$\begin{cases} y_i = 1 \text{ if } y_i^* \geq 0 \\ y_i = 0 \text{ if } y_i^* < 0 \end{cases} \quad (1)$$

ここで、y_i^* は就業継続意向（y_i）の潜在変数である。

表1は推定に用いた変数を示したものである。

表1　推定に用いる変数

変数	変数内容
被説明変数	
職場での就業継続意向	今の勤務先にいつまで勤めたいか 　できる限り勤め続けたい，当面勤め続けたい＝1， 　すぐにやめたい・転職したい，今ではないがやめたい・転職したい＝0
説明変数	
職務満足度	現在の職場での各項目の満足度はどうか（各項目について）
職業生活全体	
仕事の内容・やりがい	不満足　　やや不満足　　普通　　やや満足　　満足
賃金	1----------2----------3----------4----------5
労働時間・休日等の労働条件	
勤務体制	
人事評価・処遇のあり方	
環境（照明・空調・騒音）	
職場の人間関係、コミュニケーション	
雇用の安定性	
福利厚生	
教育訓練・能力開発のあり方	
利用者との人間関係	
性別	男性＝1，女性＝0
年齢	満年齢
配偶者の有無	既婚＝1，ほか＝0
生計維持者	家庭での主たる生計の維持者である＝1，ほか＝0
賃金（千円）	税込み月収／1週間の労働時間×4（賞与等は除き、残業代等は含む）単位千円
労働時間	1週間に働いた時間数（残業時間を含める）
複数事業所	事業所あり＝1，なし＝0

出所：筆者作成

4 結果

4.1 職務満足度および就業継続意向の状況

職場における就業継続意向についての集計結果を2値に変換すると、「続けたい」が67.5%、「やめたい」が32.5%であった。

その他の変数を含めた記述統計量は表2のとおりである。

表2 記述統計量

n=1292

	平均値	標準偏差	最小値	最大値
就業継続意向	0.680	0.468	0	1
性別	0.270	0.444	0	1
年齢（歳）	35.070	10.748	18	67
配偶者の有無	0.450	0.498	0	1
生計維持者	0.410	0.493	0	1
複数事業所	0.775	0.418	0	1
労働時間数（時間：1週間）	41.480	6.112	9	50
賃金（千円：1時間）	1.317	0.488	0.1	8.5
職務満足度（職業生活全体）	3.040	0.835	1	5
職務満足度（仕事の内容・やりがい）	3.490	1.051	1	5
職務満足度（賃金）	2.440	1.064	1	5
職務満足度（労働時間・休日等の労働条件）	2.710	1.078	1	5
職務満足度（勤務体制）	2.640	0.960	1	5
職務満足度（人事評価・処遇のあり方）	2.590	0.930	1	5
職務満足度（職場の環境）	3.030	1.018	1	5
職務満足度（職場の人間関係、コミュニケーション）	3.130	1.012	1	5
職務満足度（雇用の安定性）	3.210	1.000	1	5
職務満足度（福利厚生）	3.050	0.909	1	5
職務満足度（教育訓練・能力開発のあり方）	2.770	0.921	1	5
職務満足度（利用者との人間関係）	3.490	0.817	1	5

出所：筆者作成

4.2 推定結果

推定結果は表3および表4に示したとおりである。客観的状況を示す変数および個人属性でコントロールしたモデルにおいて、「職業生活全体」への満足度は就業継続意向に対して、正の影響を与えているという結果が得られた。また、個別の職務満足度についても、「仕事の内容・やりがい」

第3章　施設で働く介護職員の定着促進要因　　53

表3　推定結果（職務満足度全体）

	B	標準誤差	Exp(B)	EXP(B)の95%信頼区間 下限	上限
性別	0.455**	.170	1.577	1.129	2.201
年齢	0.054***	.009	1.056	1.038	1.074
配偶者	0.202	.158	1.224	.898	1.669
生計維持者	0.078	.150	1.081	.806	1.450
複数事業所	0.365*	.158	1.440	1.056	1.965
労働時間	-0.044**	.014	.957	.931	.983
賃金	-0.055	.203	.946	.635	1.410
職務満足(全体)	1.132***	.098	3.103	2.561	3.759
定数項	-3.025***	.796	.049		
サンプルサイズ	1292				
χ2乗	278.010***				
修正済み決定係数	0.270				
対数尤度	1348.621				

注：***，**，*はそれぞれ有意水準1%、5%、10%を指す
出所：筆者作成

表4　推定結果（個別職務満足度）

	B	標準誤差	Exp(B)	EXP(B)の95%信頼区間 下限	上限
性別	0.488**	0.186	1.629	1.132	2.345
年齢	0.059***	0.009	1.061	1.042	1.081
配偶者	0.263	0.168	1.301	0.936	1.808
生計維持者	0.142	0.161	1.153	0.840	1.581
複数事業所	0.376*	0.170	1.457	1.043	2.034
労働時間	-0.047**	0.015	0.954	0.926	0.983
賃金	-0.129	0.220	0.879	0.571	1.354
職務満足（仕事の内容・やりがい）	0.435***	0.079	1.546	1.323	1.805
職務満足（賃金）	0.255**	0.086	1.291	1.090	1.528
職務満足（労働時間・休日）	0.148	0.088	1.159	0.975	1.378
職務満足（勤務体制）	0.134	0.102	1.144	0.936	1.397
職務満足（人事評価・処遇）	0.283**	0.101	1.327	1.089	1.618
職務満足（職場の環境）	0.225**	0.083	1.252	1.064	1.474
職務満足(職場の人間関係、コミュニケーション)	0.224**	0.081	1.252	1.067	1.468
職務満足（雇用の安定性）	0.109	0.091	1.115	0.933	1.334
職務満足（福利厚生）	-0.011	0.101	0.989	0.811	1.206
職務満足（教育訓練・能力開発）	0.259**	0.097	1.295	1.071	1.566
職務満足（利用者との人間関係）	0.126	0.099	1.134	0.935	1.377
定数項	-5.951***	0.933	0.003		
サンプルサイズ	1292				
χ2乗	407.572***				
修正済み決定係数	0.376				
対数尤度	1225.222				

注：***，**，*はそれぞれ有意水準1%、5%、10%を指す
出所：筆者作成

「賃金」「人事評価・処遇へのあり方」「職場の環境（照明・空調・騒音）」「職場の人間関係、コミュニケーション」「教育訓練・能力開発のあり方」が影響を与えていることがわかった。

客観的状況を示す変数については、「労働時間」が負の影響を与え、法人に「複数の事業所」があることは正の影響を与える結果となっており、実際の「賃金」は影響を与えていなかった。

個人属性では、性別と年齢で影響が見られたが、配偶者の有無や生計維持者であるかどうかは影響が見られなかった。性別は男性の方が、年齢は高い方が継続意向に正の影響があることが分かった。

5　賃金よりも大きな影響を与える要因

施設で働く介護職員の職務満足度について、本研究では職業生活全体に対する満足度および11の個別の職務満足度を示す変数を分析対象とした。その際、個人属性の変数や実質賃金および労働時間といった客観的状況を表す変数を入れることによって、次のことがらが明らかになった。

（1）実際の賃金は現在の職場での仕事を継続するかどうかに影響を与えていないにもかかわらず、賃金に対する満足度は影響を与える。

賃金の低さは問題とされるが、当事者にとっては、それ以上に賃金に対する満足度が就業継続意向に影響することが分かった。低賃金の改善が喫緊の課題とされ、先述のとおり介護報酬改定による3％増や基金の創設が矢継ぎ早に打ち出されたが、仮に月に2万円の賃金上昇が実現したとして、それによってどれほどの効果があるのかも考えなければならない。実際には賃金そのものよりも、仕事に見合う適切な報酬であるかどうかが問われているのである。つまり賃金の実際の額よりも、自分たちが行っている仕事に対する評価としての意味合いの方が強く、日々の業務内容や成果に照らして賃金が納得のいくものかどうかが影響すると考えられる。したがって、現状において賃金の改善は必要であるが、ただ賃金を上げるだけでは効果は期待できず、たとえば、月に2万円の賃金上昇が叶ったとして

も、それによって満足度が上がるかどうかが問題であり、その他の日常の業務に対する適切な評価やスーパービジョンの導入による知識・技術の向上を促進する取り組みの実施、キャリアパスの提示等モチベーションの維持向上に向けた工夫など、総合的な支援体制の改善が欠かせないことを示している。

（2）個別の満足度のなかには「賃金」よりも大きな影響を与える要因がある。

オッズ比を見ると、「仕事の内容・やりがい」（1.546）、「人事評価・処遇のあり方」（1.327）、「教育訓練・能力開発」（1.295）の方が「賃金」（1.291）よりも大きい。つまり、満足度のなかでも「賃金」が最重要ではなく、仕事の内容ややりがいが必要で、単に食事・排泄・入浴といった三大介護をこなすだけではないという仕事の意味が見えてくる。すなわち、利用者の生活全般を支え、その人の人生の最後の数年間に寄り添って、共に過ごす全人的なケアを提供しているのだという仕事への意義や誇りが見出せるかどうかが就業継続に影響を与えていると思われる。また、自分に対する評価や処遇が満足なものであれば現在の職場で続けていこうと思えるというのは当然の結果である。自分の能力や努力を正当に評価されているかどうかは非常に重要な点であるが、業務の性格上、何をもって能力が高いと評価することができるかは難しい。製品を作ったり、商品を販売したりすることは客観的な指標による評価が可能であるが、介護のような対人援助の場合、数字で示すことは不可能である。ましてや利用者との関係を大切にすればするほど時間が必要であり、効率性とは程遠くなってしまう。一方、現場では多くの利用者に対して限られた職員数で決められた時間内にオムツ交換、水分補給、食事介助、入浴介助、排泄介助などをこなさなければならず、効率的に業務がこなせる者を能力が高いと評価しがちである。時間に追われながらも利用者のニーズに応え、丁寧に対応するのは至難の業と言える。こうした超人的な介護職員像を求められても現実的には無理である。そこで、せめてもの救いは上司の適切な評価・処遇ということになる。厳しい労働環境のなかで、努力している様を正当に評価してく

れるかどうかは仕事を続けていく上で非常に重要である。さらに、介護の専門性を磨くための訓練や研修の機会が与えられているかどうかは、自分たちを育てようとしてくれているかどうかという雇用者の方針の表れであり、そういった環境のなかで訓練を積んで仕事を続けたいという労働者の思いに影響するのであろう。

　(3) コントロール変数として投入した客観的条件では長時間労働が就業継続意向に負の影響を与え、複数事業所の存在は正の影響を与えた。
　ここでの労働時間のなかには残業も含んでおり、残業手当の対象としては計上されていないものもある。定時に終業したいと思っても、人手が足りなければそのまま残らざるをえない場合もあり、労働時間が長くなればなるほどやめたいと思うのは当然の結果と思われる。一方で法人に複数事業所があるということが正の影響を与えている。これは、年齢が高くなるにしたがい夜勤や長時間労働が辛くなり、直接介護にあたる仕事をすることが困難になってきた場合、複数事業所があれば職場内での異動が可能になることが理由として考えられる。複数事業所とはデイサービス、居宅介護支援事業所、地域包括支援センターなどであり、これらの職場は日勤帯が主で夜勤や早出・遅出の勤務体制とは無縁である。業務内容は相談支援や介護計画作成等であるが、いずれも高齢者への支援という点で介護職の経験を活かすことができる。したがって、現在の職場で介護の仕事をできる限り続けて、もしできない状況になっても法人内に別の事業所がある場合は、そちらに異動することが可能であり将来的にも安心して勤めることができる。勤務体制だけでなく、介護では腰を痛めることが多いため、身体的に不安を持つ者が少なくない。したがって、将来のキャリアパスの選択肢が多ければ多いほど続けて働くことができると考えられる。

　(4) 個人属性では男性で、年齢は高いほど就業継続意向に正の影響を与えている。
　従来介護職は女性の仕事とみなされ、実際に女性の割合が多く8割近くを占める。賃金の低さや労働条件の厳しさを知ったうえで介護の職場に入

職する男性の場合は、離職により職場を移すことが決して優位にならないことを認識していたり、同性介護が望まれるようになって男性介護者が必要とされたり、将来の幹部候補として重用される傾向があることなども継続意向に影響していると思われる。そのため男性を雇用する場合は、雇用者側にとっても将来性を考慮して慎重にならざるを得ず、介護業界での転職は女性の方が比較的容易に行動に移しやすいということも考えられる。また、同様に年齢が低いほど離職意向が強いのも次に職を得る可能性が高く、行動に移しやすいと思われる。若い人ほど離職傾向が強いのは先行研究の結果（冷水ほか 1986）と同様で、年齢が高いほど同じ職場に留まる意向が強く、この傾向は 20 年来変化していないと言える。

「人事評価・処遇のあり方」、および「教育訓練・能力開発のあり方」、「職場の人間関係、コミュニケーション」といった内容への満足度は、賃金のような労働条件よりも労働環境に関わるもので、雇用管理面での対応が問われることがらである。ましてや職場のハード面での環境（照明・空調・騒音）は、利用者にとっても日常生活を送る重要な生活環境であり、施設側が整備しなければならないのは当然である。これらの結果は雇用管理面での取り組みが影響を与えるという堀田・佐藤（2005）の結果を支持するものとなった。

これまで満足度と就業継続意向の関係性について、漠然と捉えられてきたが、実際にどういうことに満足していれば仕事を続けたいという意思につながるのかは明確ではなかった。本研究の結果は個別の満足度についてその影響を実証的に示し、雇用管理のあり方を見直す必要があることを示唆している。まず、賃金の改善については政策として具体的に動き始めたところであり、並行して取り組むことが前提である。次に、介護職の離職要因としてこれまで賃金のみがクローズアップされてきたが、本結果からそれだけでは不十分であることが明らかになった。介護人材の確保および定着促進を実現するためには、介護職員が何を求めているのかということを真摯に考えなければならない。人事評価とは職員の勤務実績や能力などを客観的に把握して人材育成や昇級の判断基準とするものである。しかも、この判断基準は公正なものでなければならない。しかし、介護の業務

は、日常の生活支援という性格上目標を数値化することが容易ではなく成果を客観的に判断しにくい面がある。そのためしっかりと業務をこなしているか、利用者に対して個人の尊厳や自立を尊重するケアを提供しているか、同僚とのチームワークはうまく取れているか、目標を設定して日々の業務ができているか、専門性を磨く努力をしているか、など多面的に職員を評価する目を上司が持っていなければならない。そういう意味では継続意向に影響を与える個別の満足度をさらに掘り下げて分析すれば、それぞれの事業所の実態が見えてくるとも言える。優秀な人材を確保して定着させるには、日ごろの上司からの評価や処遇が大事であり、仕事にやりがいがもてるような環境整備と士気の昂揚が必要である。職場での人間関係をスムーズにするためには気軽に相談できる雰囲気づくりやスーパービジョンをシステムとして導入するなど、雇用管理の工夫によって違いを生み出すことができることを示唆している。

　最後に、本研究は二次分析であるため、個別の質問項目を設定することはできなかった。したがって、さらに詳細な因果関係の分析には限界がある。また本研究では明らかにすることはできなかったが、離職率の高い就業3年未満とそれ以上を区切りとして、介護労働者の就業期間が就業継続意向に与える影響を検証することも残された課題と考える。また雇用者側についても、個々の事業所で離職率に差が見られるのか、どのような雇用管理の手段が定着促進に影響を与えているのかを実証的に研究する必要がある。

注

1　介護職員処遇改善交付金は 2009 年 10 月から 2012 年 3 月まで、全国平均で介護職員 1 人当たり月 15,000 円の賃金アップに相当する 3,975 億円が交付されている。

2　スーパービジョン（supervision）は、黒川（1992）によると、社会福祉、臨床心理、精神療法などの分野で職員やカウンセラーの業務遂行能力を向上させるために用いられる管理的、教育的、支持的な専門職業教育の方法である。スーパーバイザー（supervisor）と職員との間に信頼関係が基底にあることが重要で、所属する施設や機関における利用者へのサービスを向上させることが究極の目的となる。

3　アメリカにおけるナーシングホームとは、心身の障害により介護や看護が必要な高齢者が入所する施設で、わが国の特別養護老人ホーム（介護老人福祉施設）と比較することが多いが、ナーシングホームの場合は医療体系のもとにあり、医療ニーズの高い高齢者や障害者のための看護型（skilled nursing facility）と援助型（intermediate care）があり、看護型は日本の介護老人福祉施設より介護療養型医療施設に近い。

4　ソーシャルワーカーとは、クライエントの日常生活における心理社会的な問題の相談にのり、社会資源を活用して生活上の問題を解決もしくは軽減することを主な業務とする。わが国では 1987 年に「社会福祉士及び介護福祉士法」が制定され、ソーシャルワーカーとして社会福祉士の国家資格がある。

引用・参考文献

Acker, G. (2004) The effect of organizational conditions (role conflict, role ambiguity, opportunities for professional development, and social support) on job satisfaction and intention to leave among social workers in mental health care, *Community Mental Health Journal*, 40 (1), pp. 65-73.

Gleason-Wynn, P. & Mindel, H. (1999) A proposed model for predicting job satisfaction among nursing home social workers, *Journal of Gerontological Social Work*, 32 (3), pp. 65-79.

Hellman, C. (1997) Job satisfaction and intent to leave, *The Journal of Social Psychology*, 137 (6), pp. 677-689.

Herzberg, F. (1966) *Work and the nature of man*, Cleveland: World Publishing (北野利信訳 (1968)『仕事と人間性：動機づけ──衛生理論の新展開』東洋経済新報社).

Jayaratne, S. & Chess, A. (1984) Job satisfaction, burnout, and turnover: A national study, *Social Work*, September-October, pp. 448-453.

Mobley, H., Griffith, W. Hand, H., (1979) Review and conceptual analysis of the employee turnover process, *Psychology Bulletin*, 86, pp. 493-521.

Porter, W. & Steers, R. (1973) Organizational, work and personal factors in employee turnover and absenteeism, *Psychology Bulletin*, 80, pp. 151-176.

Purk, J. & Lindsay, S. (2006) Job satisfaction and intention to quit among frontline assisted living employees, *Journal of Housing for the Elderly*, 20 (1/2), pp. 117-131.

Simons, K. & Jankowski, T. (2008) Factors influencing nursing home social workers' intentions to quit employment, *Administration in Social Work*, 32 (1), pp. 5-21.

Smith, C., Kendall, M., & Hulin, L. (1969) *The measurement of satisfaction in work and retirement*, Chicago: Rand McNally.

Vroom, H. (1964) *Work and motivation*, New York: Wiley Publisher.

Waxman, H. Carner, E. & Berkenstock, G. (1984) Job turnover and job satisfaction among nursing home aides, *The Gerontologist*, 24 (5), pp. 503-509.

張允楨・長三紘平・黒田研二 (2007)「特別養護老人ホームにおける介護職員

のストレスに関する研究」『老年社会科学』29（3），pp. 366-373.
堀田聰子・佐藤博樹（2005）「介護職のストレスと雇用管理のあり方――高齢者介護施設を取りあげて」『介護職の能力開発と雇用管理』東京大学社会学研究所，pp. 131-177.
（財）介護労働安定センター（website）「平成19年度　介護労働実態調査結果について――事業所における介護労働実態調査」第52回社会保障審議会介護保険給付費分科会資料 2-1：10
（http://www.mhlw.go.jp/shingi/2008/07/dl/s0717-6d.pdf）2009/4/16.
笠原幸子（2001）「介護福祉職の仕事の満足度」に関する一考察」『介護福祉学』8（1），pp. 36-42.
厚生労働省（website）「介護保険事業報告（暫定版）」2009年2月分
（http://www.mhlw.go.jp/topics/kaigo/osirase/jigyo/m09/0902.html）2009/4/15.
厚生労働省（website）「『社会福祉事業に従事する者の確保を図るための措置に関する基本的な指針』の見直しについて」2007年8月（2007年厚生労働省告示第289号）
（http://www.mhlw.go.jp/bunya/seikatsuhogo/dl/fukusijinzai.pdf）2009/9/25.
高良麻子（2004）「介護支援専門員におけるバーンアウト――インタビュー調査を通して」『東京家政学院大学紀要』44，pp. 65-73.
高良麻子（2007）「介護支援専門員におけるバーンアウトとその関連要因――自由記述による具体的把握を通して」『社会福祉学』48（1），pp. 104-116.
黒川昭登（1992）『スーパービジョンの理論と実際』岩崎学術出版社．
李政元（2001）「ナースの離職行動～メタパス解析による満足感――離転職行動モデルの検証」『関西学院大学社会学部紀要』90，pp. 133-139.
李政元（2011）『ケアワーカーのQWLとその多様性――ギルド理論による実証的研究』関西学院大学出版会．
中野隆之・福渡靖（2000）「介護職員の職務満足と生活満足――高齢者保健・福祉施設を中心に」『日本保健福祉学会誌』6（2），pp. 7-19.
西川一廉（1982）「職務満足の心理学的研究（5）退職予測について」『桃山学院大学人文科学研究』18，pp. 1-23.
西川一廉（1984）『職務満足の心理学的研究』勁草書房．
佐藤ゆかり・渋谷久美・中嶋和夫・香川幸次郎（2003）「介護福祉士における離職意向と役割ストレスに関する検討」『社会福祉学』44（1），pp.

67-78.
澤田有希子（2007）「高齢者福祉施設介護職員のバーンアウト因果モデルに関する実証的研究——多母集団の同時分析を用いたモデル構造の男女差の検討」『社会福祉学』47（4），pp. 136-148.
冷水豊・浅野仁（1985）「全般的仕事満足感の構造と要因分析」『社会老年学』22，pp. 26-41.
冷水豊・前田大作・坂田周一・岡本多喜子・東條光雅・浅野仁（1986）「特別養護老人ホーム寮母の退職意向」『社会老年学』23，pp. 24-34.
須加美明（2007）「訪問介護のサービス提供責任者の業務におけるストレス要因の分析」『介護福祉学』14（2），pp. 143-150.
東條光雅・前田大作（1985）「次元別仕事満足度の要因分析」『社会老年学』22，pp. 3-14.
東京都福祉保健局（website）「介護人材の定着・確保に向けた介護報酬のあり方等に関する緊急提言」2008年6月
（http://www.metro.tokyo.jp/INET/OSHIRASE/2008/06/DATA/20i69701.pdf）2009/4/15.
渡邉健・石川久展（2012）「高齢者介護施設に従事する介護職員のバーンアウトに与える影響——組織の支援体制を中心とした検討」『Human Welfare』4（1），pp. 17-26.

| 資料 | 調査概要 |

平成18年度介護労働実態調査、2006
　介護労働者の就業実態と就業意識調査　—労働者調査票—

1. 調査主体
　　財団法人　介護労働安定センター

2. 調査対象と調査数
　　全国の介護保険法で指定された介護サービス事業を実施する事業所のなかから無作為に抽出された約1/2の事業所（有効回答11,627）のなかで、1事業所あたり介護にかかわる3人を上限に無作為に抽出した計112,368人に対して調査票を配布。有効回答29,124人（有効回答率26.7％）。

3. 調査項目
　　現在の仕事、経験年数、職種、労働時間、賃金、福利厚生、仕事の継続意志、仕事の満足度、働く上での悩み、不安、不満等。

4. 調査実施期間
　　2006年9月26日～10月31日

5. 調査方法
　　質問紙によるアンケート調査（自記入式）

6. 調査結果（基本属性）N=29,124
　・性別　女性80.1％、男性19.5％。
　・平均年齢　41.7歳（女性43.0歳、男性36.3歳）。
　・年齢構成
　・職種と性別
　・介護保険サービス系型別従業者構成
　・現在の主な仕事

・年齢構成

表1　年齢構成

年齢区分	%
20歳未満	0.2
20歳以上25歳未満	5.6
25歳以上30歳未満	12.3
30歳以上35歳未満	13.1
35歳以上40歳未満	11.8
40歳以上45歳未満	13.4
45歳以上50歳未満	14.0
50歳以上55歳未満	12.7
55歳以上60歳未満	10.8
60歳以上	4.9
NA	1.1

・職種と性別

表2　職種と性別構成

	平均年齢(歳)	男（％）	女（％）	無回答（％）
介護職員（N=11,763）	38.7	21.1	78.6	0.3
介護支援専門員（N=2,825）	45.5	16.0	83.6	0.5
訪問介護員（N=7,159）	46.0	9.0	90.5	0.5
訪問看護員（N=1,070）	41.7	2.4	96.9	0.7
生活相談員（N=1,331）	36.4	46.1	53.3	0.5
理学療法士（N=271）	37.2	49.8	49.8	0.4
作業療法士（N=106）	34.6	35.8	64.2	—
機能訓練指導員（N=62）	39.4	29.0	71.0	—
看護師・准看護師（N=2,031）	44.3	3.6	96.1	0.3
その他（N=2,506）	41.1	47.8	51.6	0.6
合計	41.7	19.5	80.1	0.4

・介護保険サービス系型別従業者構成

表3　介護保険サービス系型別従業者構成

(％)

訪問系	施設系		その他
	入所型	通所型	
39.0	28.3	23.2	9.5

・現在の主な仕事

表4　現在の主な仕事

(％)

介護職員	訪問介護員	介護支援専門員	看護師・准看護師	生活相談員	訪問看護員	理学療法士	作業療法士	機能訓練指導員	その他
40.4	24.6	9.7	7.0	4.6	3.7	0.9	0.4	0.2	8.6

出所：表1～表4　（財）介護労働安定センター　平成18年度介護労働実態調査、2006「平成18年度介護労働実態調査結果について」を元に筆者加筆修正

第4章

介護老人福祉施設における介護職員の離職要因
賃金と教育・研修を中心とした施設体制が離職率に与える影響

1 はじめに

　要介護高齢者が増加の一途をたどる今日、介護を担う介護労働者の人手不足が問題となっていることは既に述べたとおりである。2000年に約55万人が働く介護労働市場は2007年には約124万人と2倍以上に増加している。今後さらに介護保険サービスに従事する介護職員の数は年平均4.0～5.5万人程度増加すると見込まれている（社会保障国民会議website）。しかし、現実には2005年ごろから介護人材不足と離職率の高さが深刻な社会問題となっており、2008年5月には「介護従事者等の人材確保のための介護従事者等の処遇改善に関する法律」が国会で成立している[1]。これにより2009年4月1日までに、介護従事者等の賃金水準その他の事情を勘案し、賃金をはじめとする処遇の改善のための施策を講ずるとしている。この背景には、それまでの2度にわたる改定で引き下げられてきた施設サービスの介護報酬を2009年の改定で初めて引き上げるための整備が必要であったと考えられる。2008年7月に介護労働者の確保・定着等に関する研究会がまとめた「中間とりまとめ」によると、全産業の平均離職率16.2%に対し、介護職員の離職率は25.3%と高く、なかでも勤続1年未満の離職は43.9%に上る。正規職員で比較しても全産業の13.1%に対し、介護職員は20.4%と高くなっている。このような状況で定着率が低く困っている事業所は34%と、全体の1/3以上が職場での定着率の低さによる

問題を抱えている。2009年の改定で介護報酬が3%引き上げられたが、それによって介護従事者の処遇が改善したかどうかについては疑問視する声もある。すなわち介護報酬は増加したが、それらを介護従事者の処遇改善に使用しなければならないと規定されたわけではないため事業所の赤字補填に使われたところも多く、必ずしも職員の処遇改善につながっていない[2]。そのため、国は3年間の介護職員処遇改善交付金を設立し、賃金面での処遇改善を図った。それによって2010年の平均給与は2009年に比べて約15,000円増加した[3]。しかし、2012年3月には交付金は終了した。4月からは処遇改善加算をつけることができるように介護報酬の改定を行ったが、その効果は未だ明らかではない。なぜなら処遇改善加算をつけるということは、介護保険サービスの利用料に上乗せするということであり、直接利用者に影響することから現場では加算についての理由を説明しにくい。また、介護保険サービスを頻繁に利用する当事者の会である「認知症の人と家族の会」(website)からは、介護従事者の処遇改善が利用者の負担増で実施されたことについて、介護の社会化という介護保険制度の趣旨にももとるとして反対する見解が示されており、介護サービス事業所のなかには自粛する傾向もみられるからである。

2　先行研究

介護労働分野における実証研究は、介護保険制度以前にはあまり見られない。2000年の実施までは、原則として地方自治体が措置によって介護サービスの種類や期間を決めていたという制度的な背景があり、需給のメカニズムが働かないことから研究は財政的な側面や実態把握的な調査であった（齋藤・中井1991）。ただ、介護保険制度の実施に伴う変化について、篠塚（1996）が介護人材の動向について都道府県データを用いて分析し、要介護高齢者の増加に比して現状の人材が絶対的に不足することを指摘したものや、家族介護者の労働への参加による労働力の増加と介護サービス供給者の人材育成や設備投資の必要性を予想した大守ほか（1998）の研究がある。

介護保険制度実施後は、介護サービスの供給側からの分析がみられるようになった（山口 2004）。下野ほか（2003）は、介護保険下の介護サービス事業所の収支状況について、特に経営を圧迫している要因を分析し、組織の形態や規模による影響を明らかにしている。そこでは労務管理上の問題として賃金だけでなく人材育成や労働条件の変数を用いているが、経済学的な分析で多くみられるのは介護労働者の賃金についての研究である。介護労働の求職者が 2006 年以降減少している原因は他のサービス産業の給与と比較して賃金が低いことであるとする下野（2009）の研究をはじめ、低賃金と労働力不足の関係が注目されてきた。周（2009）は介護職員不足の問題の本質は賃金問題であり、賃金の決定要因が分かれば介護職員不足の原因を究明できると述べている。一方、山田・石井（2009）は賃金関数を推計して他産業・他職種における 5 年間の賃金変化を検討した結果、賃金水準については他職種・他産業と比較して低いとは言えないが、2002 年から 2007 年にかけて施設介護の正規職員で賃金下落が大きかったことが問題だと述べている。

　また、花岡（2009）は、介護労働者の相対賃金について他職種と比較し、賃金格差による離職行動への統計的に有意な影響はみられないが、すでに働いている介護職員については賃金よりも教育訓練や職場環境などの方が離職行動に影響を与える可能性を示唆している。さらに、その後の早期離職者についての実証研究では、施設系介護職員のみ他職種との相対賃金が離職行動に影響を与えることや、正規職と非正規職でも違いがみられることを明らかにしている（花岡 2010）。また、先述の介護労働者の確保・定着等に関する研究会（2008）は離職理由と賃金の関係について、他の産業との賃金の比と離職率に負の相関があるとしながらも、介護労働者の定着には雇用管理改善等の賃金以外の要素もあることが伺えると述べている。濱本（2011）は、高い離職率の原因として低賃金と人手不足を取り上げ、事業者の供給行動を分析している。張と黒田（2008）は大阪府の特別養護老人ホームを対象として、離職率を低位群、中位群、高位群に 3 区分し、低位群の施設では職員の資質向上に積極的に取り組んでいること、賃金、休暇の取得、福利厚生に満足していることを示した。このように、介護労

働者の定着促進について、最近の研究では賃金だけでなく、教育訓練や職場環境などの要因による影響が示唆されているが、実際に賃金以外のどのような要因があるのかを実証的に研究しているものは張・黒田の研究の他は、ほとんど見られない。ただ、張・黒田の分析は大阪府の98施設を対象にした調査で、サンプルサイズが小さく、地域的に偏りがある。また満足度について回答している職員は在職者であることから離職率との因果関係の実証には限界があると思われる。

わが国のように介護保険制度の下で介護サービスが提供される場合は、介護従事者の賃金も介護保険制度の介護報酬の中から支払われ、一定の枠組みに縛られるため、賃金を改善することは利用者負担を増加させることに繋がり、非常に難しい課題であり、介護労働市場における需要と供給のシステムは通常のそれとは異なる特有の事情がある。したがって、海外の介護労働者の離職要因と単純に比較することは出来ないが、介護労働者の離職率の高さが問題となっていることは共通している。アメリカでは、ナーシングホーム（老人ホーム）で働く職種のなかでも日本の介護職員に相当する nursing assistant や nurse aid の離職率が特に高く、2004年の調査では74.5%に達する。離職率の高さとケアの質やコスト（新規採用やその研修にかかる費用）との負の関係への関心から、最近では実態調査だけでなく要因分析がよく行われるようになった（Castle 2006, Donoghue 2010）。職場の雰囲気やコミュニケーションの取りやすさ（Anderson et al. 2004）、施設管理者のリーダーシップのスタイル（Donoghue & Castle 2009）、上司の離職率との関連（Castle 2005）、仕事・組織・環境要因と介護職の離職率（Brannon et al. 2002）、ケアプラン会議への参加や経営母体の種別（Banaszak-Holl & Hines 1996）、人手不足や経営母体の種別および入所定員の規模（Castle & Engberg 2006）などによって、離職率の高さと関連する要因が明らかにされている。最近では Rosen et al.（2011）が離職意向と実際の離職に分けて分析し、離職意向は職務満足度の低さに影響を受け、離職行動は離職意向と健康保険の有無に影響を受ける。しかし、報酬は離職意向や離職行動に関連していないことを示した。また、Dill et al.（2010）は、介護職員の離職を防ぐためのプログラムを実施し、研修と報酬が離職

率の低下に効果があることを示した。しかし、研修と報酬を切り離して分析していないため、どちらがより効果的であったかについては研究されていない。

3　目的

本研究の貢献は、国内において賃金以外の要因を実証的に研究したものがほとんど見られず、先行研究で示されている教育・研修による人材育成の要因を考慮し、介護職員の離職に与える影響を明らかにし、今後の介護職員の定着促進に必要な方策を実証的に研究することにある。

本研究では、介護労働者の分析対象を、介護老人福祉施設で直接介護に携わる正規の介護職員としている。

まず、施設で働く介護職員とした理由は、以下のとおりである。介護保険制度下では、介護職員が従事する場所は大きく居宅サービスと施設サービスの2種類に分かれる。居宅サービスでは訪問介護にあたる介護労働者が最も多いが、非正規雇用が多く、賃金以外の要因として教育・研修の要因分析を行うことは難しいため、施設で働く介護職員とした。また、施設サービスには介護老人福祉施設、介護老人保健施設、介護療養型医療施設の3種類があるが、なかでも介護老人福祉施設を対象としたのは、次の3つの理由による。1) 介護老人福祉施設は要介護高齢者が介護を受けながら生活する場として設けられており、最も多くの介護職員が従事していること、2) 介護老人保健施設はリハビリを主として在宅復帰を目指す施設で、医師が施設長を務め、リハビリの専門職や看護師が多く務める医療系の施設であるため介護職員の位置づけが介護老人福祉施設と異なること、3) 介護療養型医療施設は基本的に廃止して介護老人保健施設に転換する方向にあり、現在は過渡期と捉えられることである。これらのことから介護職員の離職について賃金と教育・研修等を比較した要因分析を行うには介護老人福祉施設の正規介護職員を対象とすることが適切と思われる。

4 方法

4.1 データ

　本研究で用いるデータは、東京大学社会科学研究所附属社会調査・データアーカイブ研究センターSSJデータアーカイブから提供を受けた「介護労働者の就業実態と就業意識調査、2006」の個票データである。このデータは、(財)介護労働安定センターが2006年度に同時に行った「事業所における介護労働実態調査」と「介護労働者の就業実態と就業意識調査」の2つの調査データからなっている。今回は、介護事業所による雇用改善のため基礎資料を得ることを目的として実施された「事業所における介護労働実態調査」(以下、事業所調査)によるデータを分析に用いる。

　事業所調査は2002年度より毎年実施しており、今回用いる2006年度調査は「大規模介護労働実態調査」と位置付けられ、対象数の大幅増、調査方法・内容の再検討等が行われている。特に、「雇用管理の状況、賃金制度・賃金管理の状況、教育・研修の状況、福利・厚生の状況」等について、調査項目の追加が行われており、本研究の分析に対して非常に有用なデータであると考えられる。

　本研究では前述したような理由から分析対象として介護老人福祉施設(＝特別養護老人ホーム)を抜き出し、なかでも正規職員のみに注目した分析を行う。被説明変数は(財)介護労働安定センターの計算方法に基づいた離職率を用いる。それは次のような式で定義される。すなわち「1年間の離職率＝1年間の離職者数÷前年8月31日時点の在籍者数×100」。ここで、定義より100を超える事業所が存在するが、年間で見ているため、人材の出入りが1回転以上あったことを示す。分析に用いた離職率の分布は図1のようになる。

　図1を見ると、分析対象の約260の事業所において、被説明変数である離職率が0～10%の間であり100%を超える事業所も数か所存在する。

図1 離職率の分布

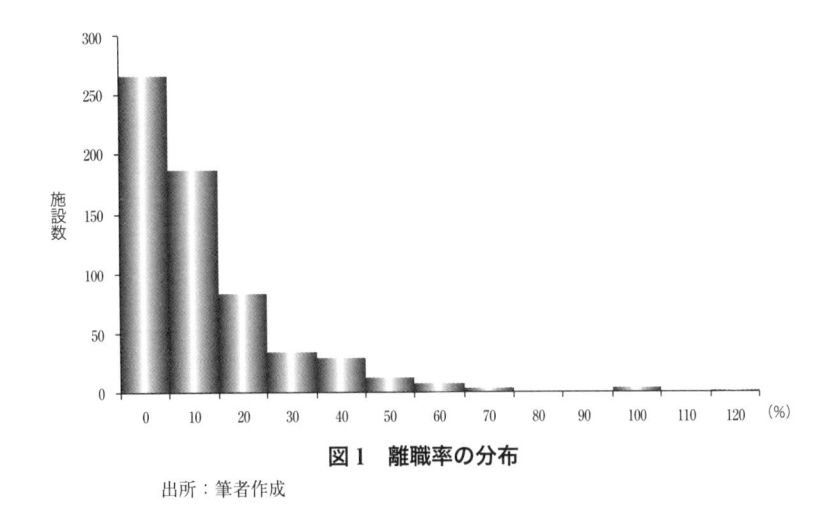

出所：筆者作成

4.2 指標の作成　離職率および教育・研修

次に、教育・研修に関する指標を作成する必要があるため、ここでは、採用時研修、OJTと教育・研修の3つそれぞれについて指標を作成する。すべての質問は「行っている＝1、行っていない＝0」のどちらかで尋ねられている。ここから、主成分分析を用いて変数を作成する。主成分分析は、データに含まれる情報の損失をできるだけ少なくして2次元あるいは3次元のデータに縮約する手法で、多数の指標を統合した総合的な指標を作成することができる。また、観測対象をグループ分けして、重回帰分析のためのデータを別の観点から吟味することができるため、主成分分析を用いることとする。

表1から表3に示す質問に関して、対象となる介護老人福祉施設（625サンプル）を用いて主成分分析を行った（表1-2、表2-2、表3-2）。その結果として得られた相関行列の主成分の固有ベクトルは表1-1、表2-1、表3-1に示すとおりである。

採用時研修について見てみると、「貴事業所では、採用時に次のような教育・講習を行っていますか。（自社開催、他社の研修機関の利用は問いません。）あてはまる番号全てに○印を付けて下さい。」という設問に対し

表1 採用時研修

表1-1 記述統計と相関行列の固有ベクトル

変数	サンプルサイズ	平均値	標準偏差	最小値	最大値	第一主成分固有ベクトル
介護技術・知識	625	0.874	0.333	0	1	0.371
接遇・マナー	625	0.794	0.405	0	1	0.338
経営理念・ケア理念	625	0.765	0.424	0	1	0.314
感染症予防対策	625	0.661	0.474	0	1	0.476
腰痛予防対策	625	0.419	0.494	0	1	0.453
事故時の応急処置	625	0.637	0.481	0	1	0.468

表1-2 主成分分析で説明された分散の合計

成分	初期の固有値 合計	分散	累積
1	2.783	0.464	0.464
2	0.999	0.166	0.630
3	0.788	0.131	0.762
4	0.609	0.101	0.863
5	0.482	0.080	0.943
6	0.340	0.057	1.000

表2 OJT

表2-1 記述統計と相関行列の固有ベクトル

変数	サンプルサイズ	平均値	標準偏差	最小値	最大値	第一主成分固有ベクトル	第二主成分固有ベクトル
上司からの指導	625	0.773	0.419	0	1	-0.429	0.640
上司以外の指導	625	0.475	0.500	0	1	0.660	-0.186
育成を考えた指示	625	0.546	0.498	0	1	0.322	0.657
指導マニュアル	625	0.371	0.484	0	1	0.526	0.353

表2-2 主成分分析で説明された分散の合計

成分	初期の固有値 合計	分散	累計
1	1.358	0.340	0.340
2	1.144	0.286	0.626
3	0.812	0.203	0.829
4	0.686	0.172	1.000

表3　採用後の教育・研修

表3-1　記述統計と相関行列の固有ベクトル

変数	サンプルサイズ	平均値	標準偏差	最小値	最大値	第一主成分固有ベクトル
介護技術・知識	625	0.952	0.214	0	1	0.561
資格取得支援	625	0.426	0.495	0	1	0.545
介護保険法制度	625	0.771	0.420	0	1	0.623

表3-2　主成分分析で説明された分散の合計

成分	合計	分散	累計
1	1.280	0.427	0.427
2	0.898	0.299	0.726
3	0.822	0.274	1.000

出所：表1～表3　筆者作成

て、表1に示した6項目について主成分分析を行った。その結果、第一主成分のみ固有値が1を超えている。第1主成分はすべての質問について正の値を取っているため、採用時研修全般の実施状況を抽出していると解釈することが出来る。

次に、OJTについて見ると、「貴事業所では、OJT（仕事を通じた能力開発や上司や先輩による指導）をどのような方法で行っていますか。あてはまる番号全てに○印を付けて下さい。」という設問に対して、表2に示した4項目について主成分分析を行った。その結果、第1主成分と第2主成分の固有値が1を超えている。第1主成分は「上司からの指導」のみ負の値を取り、他の質問には正の値を取っており、「上司以外の指導」や「指導マニュアル」が大きな正の値を取っていることから、横のつながりによるOJTの実施を抽出していると解釈することが出来る。続いて、第2主成分では「上司以外の指導」が負の値を取り、「上司からの指導」と「育成を考えた指示」が大きな正の値を取っていることから、縦のつながりによるOJTの実施を抽出していると解釈できる。

最後に、採用後の教育・研修について見ていくと、「貴事業所では、過去1年間に次のような教育・講習等を行いましたか。（自社開催、他の研

修機関の利用を問いません。)あてはまる番号全てに〇印を付けて下さい。」いう設問に対して、表3に示した3項目について主成分分析を行った。その結果、第1主成分のみ固有値が1を超えている。第1主成分はすべての質問について正の値を取っているため、教育・研修全般の実施状況を抽出していると解釈する。

以上、4つの固有ベクトルを用いて各事業所の主成分スコアを計算する。これが事業所の採用時研修、OJT と採用後の教育・研修に関する指標となる。

5 結果

5.1 回帰分析

回帰分析における被説明変数は、先に求めた(財)介護労働安定センターの計算方法に基づいた離職率である。説明変数としては以下のものを導入する。

(1) **賃金に関する変数**[4]：ここでは、従業員の個別の就業形態、労働条件等について尋ねた質問に回答した各個人の属性を表す変数の平均値を用いた。具体的には女性割合（女性は1をとり、男性は0をとった時の平均値）、平均年齢、実賃金、実労働時間を使用する。

(2) **教育・研修に関する変数**：前に導入した教育・研修に関する指標と法人全体の従業員数に関する指標である。法人全体の従業員数に関しては、質問票にある「9人以下 =1、10人以上19人以下 =2、20人以上29人以下 =3、30人以上99人以下 =4、100人以上299人以下 =5、300人以上499人以下 =6、500人以上 =7」の7レベルでの回答の数値を当てはめたものを使用する。ここで、指導マニュアルの作成や研修の費用は、従業員規模の増加に伴って相対的に低下することが予測される。そこで、その費用を考慮するために法人全体の従業員数を分析に含める。

各変数の定義と記述統計量は表4に示したとおりである。

表4　記述統計量

n=625

変数	定義	平均値	標準偏差	最小値	最大値
離職率	事業所調査において回答を行った従事者の平均年齢（歳）	15.809	15.953	0	120
平均年齢	事業所調査において回答を行った従事者の平均年齢（歳）	36.684	4.365	24.737	54.350
女性割合	事業所調査において回答を行った従事者の女性の割合	0.752	0.124	0	1
平均実賃金	事業所調査において回答を行った従事者の平均実賃金（1ヵ月あたり円）	218.185	32.359	115000	347944
平均実労働時間	事業所調査において回答を行った従事者の平均実労働時間（1ヵ月あたり時間）	157.855	24.104	4	197
採用時研修スコア	採用時研修に関する、各質問項目の主成分分析の固有ベクトルと実施の有無（0,1）を用いて計算した標準化スコア	0.000	1.668	-3.869	1.713
横のつながりOJTスコア	OJTに関する、各質問項目の主成分分析の第一主成分の固有ベクトルと実施の有無（0,1）を用いて計算した標準化スコア	0.000	1.165	-1.616	2.461
縦のつながりOJTスコア	OJTに関する、各質問項目の主成分分析の第二主成分の固有ベクトルと実施の有無（0,1）を用いて計算した標準化スコア	0.000	1.069	-2.365	1.581
採用後の教育・研修スコア	教育・研修に関する、各質問項目の主成分分析の固有ベクトルと実施の有無（0,1）を用いて計算した標準化スコア	0.000	1.132	-4.108	1.098
従業員数（法人全体）	法人全体の従業員規模（9人以下=1、10人以上19人以下=2、20人以上29人以下=3、30人以上99人以下=4、100人以上299人以下=5、300人以上499人以下=6、500人以上=7）	4.946	0.968	1	7

回帰分析について、被説明変数である離職率は、前述したように0以上の値をとる。このように被説明変数の分布に制約がある場合には、以下のようなトービット（Tobit）モデルを用いる必要が生じる。

$$y_i^* = \alpha + \beta wage_i + \gamma train_i + u_i \tag{1}$$

$$\begin{cases} y_i = 0 & if \quad y_i^* \leq 0 \\ y_i = y_i^* & if \quad 0 < y_i^* \end{cases}$$

ここでy_i^*は離職率の潜在変数であり、実際には0以上の値をとる。$wage_i$は賃金に関する変数のベクトル、$train_i$は教育・研修に関する変数のベクトルである。

5.2　推定結果

推定結果は表5に示すとおりである。

はじめに、介護職員の平均年齢が1歳上がるごとに離職率を0.6％引き下げる。また、女性割合は10％増加するごとに離職率は1.09％低下している。このことから、高齢になるほど次の転職の機会が限られてくるために離職率が低くなること、女性についても同様の理由から離職率は、その割合が増加するのに伴って、低下しているということがみられた。

引き続いて、本研究の注目する教育・研修に関しては、採用後に教育・研修を実施している事業所の方が離職率は低くなっている。すなわち、教育・研修スコアが1単位上がるごとに離職率を1.4％下げる。このことから、採用後も教育・研修を実施することは、従業員にとってもスキルアップの機会を得られることになり、就業継続の意思を維持しやすくなっていることが伺える。

OJTについては横のつながりによるものと縦のつながりによるものの両方が、離職率を増加させている。横のつながりによるOJTは1単位上がるごとに離職率は1.34％上がる。また、縦のつながりによるOJTは、1単位上がるごとに離職率が1.81％上がる。この背景には、OJTが充実していないと同時に、事業所側の指示に従ってOJTを担当する介護職員の負担感が離職率を引き上げている可能性が考えられる。

最後に、本研究で教育・研修とともに注目した賃金についてであるが、今回の分析では離職率に対して統計的に説明力をもつ影響は見られなかった。

表5 推定結果

離職率	OLS 係数	頑健な標準誤差	Tobit 係数	頑健な標準誤差
平均年齢	-0.471 ***	0.137	-0.630 ***	0.169
女性割合	-11.256 *	5.848	-10.928 *	6.285
平均実賃金	-0.037 *	0.019	-0.037	0.023
平均実労働時間	0.022	0.021	0.023	0.025
採用時研修スコア	0.073	0.387	0.125	0.451
横のつながりOJTスコア	1.029 *	0.562	1.341 **	0.640
縦のつながりOJTスコア	1.438 **	0.603	1.807 ***	0.689
採用後の教育・研修スコア	-1.222 **	0.542	-1.401 **	0.633
従業員数（法人全体）	0.230	0.685	0.392	0.794
定数項	45.121 ***	7.724	48.113 ***	9.594
対数尤度			-2369.223	
サンプルサイズ	625		625	
F値	5.06 ***		4.93 ***	
修正済み・疑似決定係数	0.061		0.009	

注：***, **, * はそれぞれ有意水準1%, 5%, 10%を指す
出所：筆者作成

6 考察

6.1 教育・研修による影響

介護職員の離職率に影響を与える要因として、本研究では賃金と教育・研修を中心に分析を行った。結果から採用後に教育・研修を実施している事業所の方が離職率は低いことが分かった。花岡（2010）は、採用時の研修の一部が早期離職抑制に影響を与えることを示しているが、1年以上の勤務者には当てはまらない結果であった。採用後の教育・研修は継続的に実施されるもので、採用時に行う研修とは異なるものである。採用後の教育・研修の変数として用いたスコアの内容は、介護技術や知識習得のための講習、資格（主として介護福祉士の国家資格）取得のための支援、介護保険制度についての講習等である。これらは、事業所（雇用者）が人材育

成にどのような方針で取り組んでいるかを表すものである。介護技術や知識の習得は介護人材の育成には欠かせないものであることは言うまでもないが、国家資格である介護福祉士を取得するためには事業所の支援が不可欠である。

　社会福祉士および介護福祉士法[5]によると、介護福祉士の資格を得るためには様々なルートがある。文部科学省および厚生労働省の指定した大学や養成施設で一定の期間介護福祉士として必要な知識及び技能を修得した者は卒業と同時に国家資格が与えられる。他方、3年以上介護等の業務に従事した者は介護福祉士試験を受験する資格があり、合格すると介護福祉士の資格が与えられる。2007年の一部改正後はすべて試験を課せられることになり、3年の介護経験だけでなくその後6カ月以上養成施設での受講が必要とされるようになっているが、未施行のため現在のところ介護経験が3年以上あれば受験することができる。介護現場では国家資格がなければ就職できないというわけではない。実際には、国家資格ではなくホームヘルパーの有資格者や、無資格で介護経験の無い者も採用されている。事業所にとって介護福祉士を多く配置したいのであれば採用時に有資格者を採用すればよいわけで、その後の資格取得のためにそれほど力を入れる必要はないとも考えられる。しかし、採用後に資格取得の支援をするということは、事業所のためだけでなく個々の介護職員の育成を念頭においたものと考えられる。事業所に期待される具体的な支援の内容は、国家試験を受験するための手続きに必要な証明書の発行や実技試験で課せられる課題への準備、受験の際の日程調整等の職場の計らい等であるが、何よりも国家資格の意義を共有することで資格取得への意欲を高めるインセンティブを与えることが大きい。

　介護福祉士は介護職にとって最も上位の資格であり、国家資格としての一定の知識と技術を備えていることを意味する。言い換えれば、介護福祉士が多く勤める介護現場は、質の高いサービスを提供するものと理解される[6]。したがって、採用時に介護福祉士の有資格者を採用するだけでなく、採用後にも資格取得のための機会を積極的に与えるということは、使い捨ての労働力としてではなく従業員の将来を見据えて支援していることの表

れであり、労使間の信頼関係の構築につながっているために離職率を下げているのではないかと考えられる。

　一方、賃金は先行研究で示したわが国のこれまでの研究結果（下野 2009、花岡 2010）とは異なり、離職率に直接の影響を与えていない。このことから、社会的には賃金の改善を期待する声は大きいが、本データによる分析ではむしろ教育・研修に力を注ぐことが介護職の定着促進に役立つことが示唆された。また、賃金の改善については 2009 年度の介護報酬改定や処遇改善交付金の設立等の後、2012 年度からは交付金に替えて処遇改善加算が設けられ、政策として取り組みが行われていることから、その結果の検証を行うことが今後必要であるが、人材育成に関しては、より明確な政策的実施が求められる。

　人材育成の一環として、研修だけでなく OJT の果たす役割も大きいと考えられる。しかし、今回の分析結果からは「横のつながり」「縦のつながり」の両方において OJT が却って離職率を高めていた。寺澤（1992）は、OJT を適切に行わず、半年、1 年が経過すると、この間に新任者は夢や希望をもち意欲ややる気にあふれていたのに、次第にそれを失い、「転職」や「会社を辞めたい」ということに繋がりかねないと指摘している。OJT は最も手近な訓練の方法として馴染みがあるが、現場での実践をとおして 1 対 1 で技術や知識を伝達していくものであり、研修のためのコストは特に必要ではない。ここでは当該施設での経験の浅い新任介護職員に仕事をしながら上司あるいはそれ以外の者が、個々の施設での介護を中心とした仕事のやり方を教えるというものである。介護の現場では、残念ながら OJT の内容や方法によっては OJT としての機能を果たしているかどうか疑問である。例えば、介護の方法について、効率性やコストの面から、介護技術や知識を生かしたり、利用者本位のケアを心がけたりすることよりも施設特有のやり方に従うことが求められることも少なくない。このような場合には、介護職としての専門性を発揮する機会を与えられず、施設の方針という大きな障壁のもとで仕事への意欲を失う可能性がある。

　また、上司以外の「横のつながり」で OJT を実施することは指導する側および受ける側の双方に負担となる可能性がある。同僚や先輩といえど

も職位として上下関係があるわけではないなかで、職責が明確でないままOJTを行うのは難しい面があると思われる。すなわち明確な役割規定がないまま、業務を教える側と教えられる側になることのあいまいさや難しさが伴う。このあいまいな立場は精神的な負担となると推測される。たとえば、少し前に入職した先輩が新人のOJTを任されたとする。まだ自分自身も業務に精通しているわけではなく不安で自信がもてなかったり、自らの業務遂行に精一杯で余裕がなかったり、後輩といえども自分より年長であったりした場合、精神的に負担となりストレスが増すことになる。OJTを指導する側と受ける側の人間関係が円滑に進めばよいが、ストレスが多いためにお互いうまくいかない場合は、職場への不満となり離職意向が強くなると考えられる。

「横のつながり」によるOJTには、上司以外の指導と指導マニュアルによるものが含まれる。マニュアルがあることは重要であるが、マニュアルを実際にどのように利用して指導するかがより重要であり、適切な指導とともに活用するマニュアルは効果的と思われるが、マニュアルがあることでOJTを実施しているとするのは却ってマイナスの影響があることが示唆された。OJTはコストがかからずすぐにできるという点で、実施しやすい反面、実施方法や内容によっては仕事への意欲を削ぐことにつながる可能性があることから、介護職員は、煩雑な日常業務のなかでは十分に教育を受けることは難しく、改めて講習や研修という位置づけによる教育・訓練の場や機会が重要であることが示唆された。

最後に、採用時の研修は離職要因に有意な影響をもたなかった。採用時に受講する介護技術・知識、接遇・マナー、経営理念・ケア理念、感染症予防対策等の内容は継続して学ぶことで修得できるものである。したがって入職時に一時的に学ぶだけで、その後の研修や教育がなされなければその効果を期待するのは難しく、十分な影響が見られなかったのではないかと考えられる。

6.2　今後の課題

本研究にはいくつかの限界がある。まず、分析に用いたデータは介護事

業所ごとの数値であり、介護労働者個人の離職行動を表すものではない。加えて、離職の理由には業務が不満で退職する者もいれば結婚や出産等の一身上の都合により退職する者もいる。また自主的に退職する者ばかりとは限らないが、今回のデータはそれらを区別することはできていない。したがって、採用後の教育・研修によって人材育成に取り組めば離職率が低くなるとの結果を得たが、退職者のなかには賃金や教育・研修とは別の理由の者も含まれる可能性は否めない。これらについては今後の課題としたい。

　最後に、本研究では介護老人福祉施設の介護職員を対象として、離職に影響を与える要因について賃金と教育・研修の比較を行った。今回は有意であるかどうかが比較のポイントとなった。その結果、先行研究では明らかにされていない継続的な教育・研修による人材育成の取り組みが介護労働者の定着促進に影響を及ぼすことが明らかになり、賃金の影響は統計的に説明力をもたなかった。このことから、賃金だけでなく人材育成を目標とした教育・研修の実施が採用後も継続的に行われる必要があることが示唆された。今後は、具体的な内容について、どのような教育・研修が最も効果的であるのか、実証的な研究に加えて質的な研究による内容分析も必要であると思われる。

注

1 2008年5月28日公布,「介護従事者人材確保法」または「介護従事者処遇改善法」とも呼ばれる。
2 神戸市老人福祉施設連盟（老施連）が設置した「元気あっぷ委員会」による「賃金・労働条件実態調査報告書」（2010）による。2010年8月から9月に実施された調査の結果、神戸市内の特別養護老人ホーム、養護老人ホーム等76施設（回収率78.4％）の賃金及び労働条件を分析したところ、基本賃金、所定内給与、年収等において、前回（2008年）の調査より下回ることが分かった。報告書では、その理由として、報酬改定による処遇改善が定期昇給や手当などの形で実施されたが、その後の処遇改善交付金の交付により必要原資が付け替えられたのではないかと推測している。
3 第70回社会保障審議会　介護給付費分科会　資料2-1「平成22年介護従事者処遇状況等調査結果の概要（案）」による。本調査は2009年度介護報酬改定および介護職員処遇改善交付金が介護従事者の処遇改善の状況に与える影響を調査したもので、2010年7月1日に実施された。2009年と2010年ともに在籍している者の平均給与額を比較している。
4 ここで、従業員の平均値を用いるため、事業所調査において回答者が5人以上の事業所のデータのみを用いた。
5 社会福祉士及び介護福祉士法は1987年制定、1988年4月1日施行された。介護福祉士は本法律に基づく国家資格で「登録を受け、介護福祉士の名称を用いて、専門的知識及び技術をもって、身体上又は精神上の障害があることにより日常生活を営むのに支障がある者につき入浴、排せつ、食事その他の介護を行ない、並びにその者及びその介護者に対して介護に関する指導を行なうことを業とする者をいう」（第2条第2項）。2012年現在介護福祉士の登録者は108万人を超えている。ただし、2009年現在、登録者の約35％は介護福祉士の業務についていない潜在的介護福祉士である。
6 本研究の対象は2006年度の調査結果であるため、介護福祉士を配置する必要性は現在とは異なる。2011年の「介護サービスの基盤強化のための介護保険法等の一部を改正する法律」の第5条において、『社会福祉士及び介護福祉士法』の中で介護福祉士等によるたんの吸引等の実施を行うための一部改正が行われた。それによって2012年4月から一定の研修を受けた介護福祉士は医療関係者等との連携により、たんの吸引等の医療行為が可能になり、介護福祉士資格の重要性がさらに増している。

引用・参考文献

Anderson, R., Corazzini, K. & McDaniel, R. (2004) Complexity science and the dynamics of climate and communication: Reducing nursing home turnover, *The Gerontologist*, 44 (3), pp. 378-388.

Banaszak-Holl, J. & Hines, M. (1996) Factors associated with nursing home staff turnover, *The Gerontological Society of America*, 36 (4), pp. 512-517.

Brannon, D., Zinn, J. S., Mor, V. & Davis, J. (2002) An exploration of job, organizational, and environmental factors associated with high and low nursing assistant turnover, *The Gerontologist*, 42 (2), pp. 159-168.

Castle, N. G. (2005) Turnover begets turnover, *The Gerontologist*, 45 (2), pp. 186-195.

Castle, N. G. (2006) Measuring staff turnover in nursing homes, *The Gerontologist*, 46 (2), pp. 210-219.

Castle, N. G. & Engberg, J. (2006) Organizational characteristics associated with staff turnover in nursing homes, *The Gerontologist*, 46 (1), pp. 62-73.

Dill, J., Morgan, J. & Konrad, T. (2010) Strengthening the long-term care workforce: The influence of the WIN A STEP UP workplace intervention on the turnover of direct care workers, *Journal of Applied Gerontology*, 29 (2), pp. 196-214.

Donoghue, C. (2010) Nursing home staff turnover and retention: An analysis of national level data, *Journal of Applied Gerontology*, 29 (1), pp. 89-106.

Donoghue, C. & Castle, N. G. (2009) Leadership styles of nursing home administrators and their association with staff turnover, *The Gerontologist*, 49 (2), pp. 166-174.

Rosen, J., Stiehl, E., Mittal, V. & Leana, C. (2011) Stayers, leavers, and switchers among certified nursing assistants in nursing homes: A longitudinal investigation of turnover intent, staff retention, and turnover, *The Gerontologist*, 51 (5), pp. 597-609.

張允楨・黒田研二(2008)「特別養護老人ホームにおける介護職員の離職率に関する研究」『厚生の指標』5 (15), pp. 16-23.

濱本賢二（2011）「特別養護老人ホームにおける介護職員定着化に関する研究」『医療と社会』21（1），pp. 69-83.

花岡智恵（2009）「賃金格差と介護従事者の離職」『季刊社会保障』45（3），pp. 269-286.

花岡智恵（2010）「介護労働者の早期離職要因に関する実証分析」『PIE/CIS Discussion Paper from Center for International Studies, Institute of Economic Research, Hitotsubashi University』472, pp. 1-15.

（財）介護労働安定センター（2007）『平成19年版　介護労働の現状Ⅱ　介護労働者の働く意識と実態』財団法人（財）介護労働安定センター．

介護労働者の確保・定着等に関する研究会（座長：大橋勇雄）（2008）「中間とりまとめ」2008年7月　厚生労働省．

神戸市老人福祉施設連盟（2010）「賃金・労働条件実態調査報告書」神戸市老人福祉施設連盟・元気あっぷ委員会．

認知症の人と家族の会（website）「2012年4月介護保険制度改正についての見解」
（http://www.alzheimer.or.jp/wp-content/uploads/2012/04/201204-kaigohoken-kenkai.pdf）2012/12/6.

大守隆・宇野裕・田坂治・一瀬智弘（1998）『介護の経済学』東洋経済新報社．

齋藤愼・中井英雄（1991）「福祉支出の地域間格差——市町村歳出決算の老人福祉費を中心として」『季刊社会保障研究』27, pp. 265-273.

社会保障国民会議（website）「最終報告——医療・介護費用のシミュレーション結果」2008年11月4日
（http://www.kantei.go.jp/jp/singi/syakaihosyoukokuminkaigi/saishu/siryou_1.pdf）2010/6/25.

社会保障審議会　介護給付費分科会—調査実施委員会（website）第5回（2010.12.20）資料1-2「平成22年介護従事者処遇状況等調査結果の概要（案）」
（http://www.mhlw.go.jp/stf/shingi/2r9852000000z4ss-att/2r9852000000z4yl.pdf）2012/9/25.

下野恵子（2009）「介護サービス産業と人材確保」『季刊家計経済研究』82, pp. 13-23.

下野恵子・大日康史・大津廣子（2003）「公的介護保険下の介護事業者の分析」大日康史『介護サービスの経済分析』東洋経済新報社，pp. 69—82.

篠塚英子（1996）「高齢者介護のマンパワーの問題——介護保険制度との関連から」『季刊社会保障研究』32（3），pp. 293-309.

周燕飛（2009）「介護施設における介護職員問題の経済分析」『医療と社会』

19 (2), pp. 151-168.
寺澤弘忠 (1992)『監督者の役割と実践 OJT』経営書院.
山口ひろみ (2004)「わが国の『介護』にかんする文献調査：経済学的な視点から」『医療と社会』14 (1), pp. 1-15.
山田篤裕・石井加代子 (2009)「介護労働者の賃金決定要因と離職意向──他産業・他職種からみた介護労働者の特徴」『季刊社会保障研究』45 (3), pp. 229-248.

資料　調査概要

平成 18 年度介護労働実態調査、2006
事業所における介護労働実態調査　—事業所調査票—

1. 調査主体
財団法人　介護労働安定センター

2. 調査対象と調査数
全国の介護保険法で指定された介護サービス事業を実施する事業所のなかから無作為に抽出された約 1/2 の事業所（調査票配布数 37,456 事業所）。有効回答 11,627 事業所（回収率 32％）。

3. 調査項目
事業所の状況、雇用管理の状況、賃金制度・賃金管理の状況、教育・研修の状況、福利厚生の状況、運営上の課題等、労働者の個別状況。

4. 調査実施期間
2006 年 9 月 26 日 ～ 10 月 31 日

5. 調査方法
質問紙によるアンケート調査（自記入式）

6. 調査結果（基本属性）N=11,627
・法人格

表1　法人格
(%)

民間企業	社会福祉協議会	社会福祉協議会以外の社会福祉法人	医療法人	NPO	社団法人・財団法人	協同組合	その他	NA
44.7	7.8	19.0	13.1	5.3	2.5	2.7	3.9	1.0

・複数事業所
あり（54.8％）、なし（42.6％）、NA（2.6％）。

・法人全体の従業員の規模

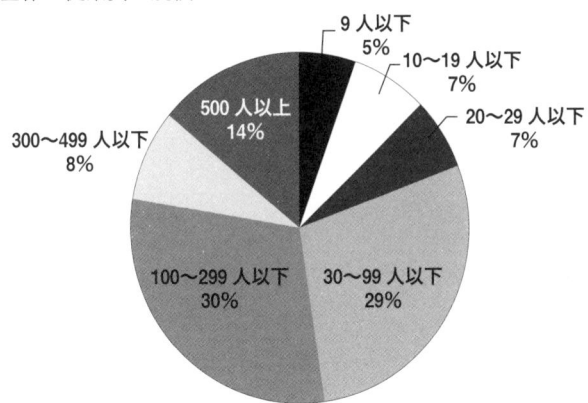

図1 法人全体の従業員の規模

（円グラフ）
- 9人以下 5%
- 10〜19人以下 7%
- 20〜29人以下 7%
- 30〜99人以下 29%
- 100〜299人以下 30%
- 300〜499人以下 8%
- 500人以上 14%

・1年間の採用率・離職率

表2　採用率・離職率（1年間）

(%)

	1年間の採用率	1年間の離職率	1年間の離職者の内、勤続年数1年未満	1年間の離職者の内、勤続年数1年以上3年未満
訪問介護員	20.2	15.0	36.9	41.9
介護職員	35.1	24.0	44.9	36.7
正社員	30.3	21.4	35.8	40.5
非正社員	28.0	19.5	47.8	36.5

・離職率階級別にみた事業所の割合

表3　離職率階級別事業所割合

N=7,527　(%)

10%未満	10%以上15%未満	15%以上20%未満	20%以上25%未満	25%以上30%未満	30%以上	NA
20.6	13.6	10.0	8.8	7.6	25.4	14.0

出所：表1〜表3　(財)介護労働安定センター　平成18年度介護労働実態調査、2006「平成18年度介護労働実態調査結果について」を元に筆者加筆修正
図1　(財)介護労働安定センター　平成18年度介護労働実態調査、2006「平成18年度介護労働実態調査結果について」を元に筆者作成

第5章

在宅サービスを調整するケアマネジャーの定着促進要因
職務満足度が就業継続意向に与える影響

1 はじめに

　介護保険制度が2000年4月に導入されてからこの間、様々な制度改革が行われてきた。とりわけ2005年には大幅な法改正があり、高齢者の在宅生活の支援を強化するための施策が打ち出された。2012年4月からは介護保険事業計画の第5期に入り、新しい制度の導入によって、地域での生活を重視する"aging in place"（地域居住[1]）の考え方がさらに鮮明になっている。

　本来介護保険の目的は要介護高齢者が住み慣れた地域でできるだけ長く自立した生活が営めるように支援することであり、その仕組みの「要」と呼ばれてきたのがケアマネジャーである。要介護高齢者数の増加に伴って、介護人材不足が指摘されて久しいが、介護保険制度を担う重要な役割を果たすケアマネジャーについては、業務内容やバーンアウトに関連する研究が多く、人材確保の視点から定着促進や離職意向に焦点を当てた研究はほとんどみられない。（財）介護労働安定センターが行っている介護労働者に関する全国調査においても、介護職員と訪問介護職員に大別した分析は行われているが、ケアマネジャーに特化した分析は見当たらない。[2]

　介護保険法に規定されたケアマネジャーとは「要介護者等が自立した日常生活を営むのに必要な援助に関する専門的な知識および技術を有するもの[3]」（介護保険法第7条5）とされている。その業務は要介護者等からの

相談に乗り、要介護者の心身の状況に応じた適切なサービスが利用できるように、市町村や各種サービス事業者と連絡調整を行うことである。したがって、要介護高齢者が在宅でできるだけ自立した生活を送るためには専門的な知識と技術を有するケアマネジャーの支援が欠かせない。換言すれば、要介護高齢者やその家族にとって担当ケアマネジャーの力量が、利用する介護保険サービス全般に影響を与えることを意味する。また、ケアマネジャーが作成するケアプラン（居宅サービス計画）には介護保険サービスだけでなく、制度外のいわゆるインフォーマルなサポートについても含めることが求められているため、制度外であっても必要な場合は、要介護高齢者やその家族を取り巻く社会資源に働きかける役割が期待されている。

　介護保険制度のなかでは、ケアマネジャーが作成するケアプランの報酬は要介護度によって2つに分かれ、要介護1～2は10,000円、要介護3～5は13,000円の定額であり、利用者から利用料を徴収せず保険者である市町村に全額を請求する。居宅介護支援事業所の介護報酬は上限が決められており40件を超えると減算対象となる。[4] 2011年に行われた厚生労働省（website）による「介護事業経営実態調査結果」によると、居宅介護支援事業は収支差率が-2.6％で介護保険サービスのなかでも唯一赤字となっており、前回調査（2006年）と比べると、収支差益は改善したものの（2006年は-17.0％）依然として経営は厳しい状態にあり、ケアマネジャー（常勤換算）の給与（賞与込）は362,334円から356,271円に悪化したことが分かった。このように居宅介護支援事業所は収益を生むことが困難で、同一法人内の他事業の収益から補填するところもあるが、単独事業所の場合はさらに深刻で、閉鎖や休業するケースも少なくない。

　また、同じ居宅介護支援事業所を利用していてもケアマネジャーの離職や異動によって担当者が変更することも多い。2009年に広島県で実施された「介護支援専門員実態調査」（広島県健康福祉局 website）では、現在ケアマネジャーとして従事している2,311人に「今後もケアマネジャーの業務を続けたいと思うか」と質問したところ、およそ3割が「続けたくない」と回答している。反対に「続けたい」と回答したのは約4割に止まる。このような状況から、実際にケアマネジャーの変更により担当者が何

度も変わり、継続したケアマネジメントが行われていない事態が生まれている。したがって、在宅介護の要とされる居宅介護支援事業所のケアマネジャーにとってどのような要因が就業継続に影響を与えるのかを探る必要がある。

2　先行研究

ケアマネジャーが直面している課題として、制度の変更により業務量が増加したことで、ケアマネジャーはバーンアウト傾向を強めており、その結果として業務を継続することが困難になっている（越智・金子 2008, 山井 2009）。介護保険制度の改正により、ケアマネジャーの書類作成やサービス担当者会議の時間数が2倍から7倍増加し、反対に本来ケアマネジャーがするべき調整やアセスメント、ケアプラン作成の時間数が減少したことが要因だと指摘されている（馬場・三枝 2008）。

ケアマネジャーのストレスやバーンアウトの関連要因における研究は他にも多くなされている（古瀬 2003, 高良 2004, 畑 2006）が、なかでも、バーンアウトを引き起こすストレッサーとして「事務処理を中心とする過重な労働負担」「上司の無理解」「所属事業所内の人間関係」（高良 2007）や、「上司との葛藤」「同僚との葛藤」「職務葛藤」の3つの職場環境因子による影響および職場の雰囲気との相関（井村 2006）などが挙げられている。ケアマネジャーの業務負担感は、「業務量に対する過剰要求」「能力に対する過剰要求」「利用者・家族に対する葛藤」の3つの因子構造によること（井手ほか 2005）や、ケアマネジャーが抱える「悩み・困りごと」の要因は「業務遂行への自信」「仕事の負担感」「職場内でのサポート」であることなどの研究結果がある（窪田ほか 2004）。

また井村（2006）は、施設介護職員を対象にした同様の調査結果（井村 2005）とケアマネジャーの結果を比較して、ケアマネジャーのバーンアウト得点が有意に高いと結論づけ、ケアマネジャーのストレスが強いのは、所属する法人等の利益と利用者の利益の板挟みに合いながらも制度上、公平・中立な立場を守らなければならないというケアマネジャー特有のジレ

ンマによると説明している。

　ケアマネジャーの業務に関する研究では、渡部(2002)がケアマネジャーを対象に調査を行い、本来は利用者主体のケアマネジメントを行うことが求められているが、現状は「利用者がケアマネジメントを理解していない」と感じ、「相談面接力の必要性を痛感している」ことや「利用者主体ケアの実践には利用者、ケアマネジャー、行政のそれぞれがケアマネジャーの役割を認識し、それを支えていく条件整備が必要である」と認識していることを明らかにした。

　近年、介護労働者の離職要因に関する研究は数多くみられる（下野 2009，周 2009，花岡 2009，2010，大和 2010，濱本 2011）。しかし、先述のとおりケアマネジャーの離職や定着に関する実証研究では、細羽(2011)の介護支援専門員の職場環境のなかでも上司の支援が男女ともにケアマネジャーの離職意図を減じるという研究以外ほとんど見られない。

　また、介護保険法に規定された日本のケアマネジャーは独自性が強く、海外におけるケアマネジャーもしくはケースマネジャーとは似て非なるものであり[5]、業務内容や制度による位置づけが異なるため比較することが難しい。ただ、ケアマネジャーには日本の介護保険施設で働く介護職員とは違って、海外の介護労働者と共通する点がある。それは事業主の多様性である。従来は行政もしくは社会福祉法人に限られていた社会福祉事業であるが、介護保険制度の導入によって施設サービスを除く介護保険のサービスは多様な事業主体の参入が可能になった。そのためケアマネジャーが所属する事業所は多様な法人が運営している。アメリカのナーシングホームの職員を対象にした研究では民間営利団体や投資家の経営するナーシングホームの職員の方が、非営利団体に比べて離職率が高いという結果が明らかになっている（Banaszak-Holl & Hines 1996, Brannon et al. 2002, Castle & Engberg 2006）。ケアマネジャーの所属事業所の性格によって、本来守るべき公平・中立な立場を貫くには上司や法人との軋轢が生まれる可能性が予想される。しかし、これまで法人格の違いに焦点を当てた研究は金谷（2004, 2007）と金谷・山内（2009）の訪問介護事業を対象としたものがあるが、ケアマネジャーの所属する居宅介護支援事業を対象としたものは見

当たらない。

　就業継続に関する研究では、Herzberg（1966）が仕事への動機づけとして、職務満足要因と職務遂行の持続に関連があることを見出した。職務満足の強力な決定要因として達成、承認、仕事そのもの、責任、および昇進の5つを挙げ、これらを積極的職務態度に影響を与える動機づけ要因と名付けている。

3　目的

　介護保険制度の本来の目的は要介護高齢者ができるだけ在宅で生活することができるように支援をすることにある。介護保険サービスを利用するに当たり、その入り口となるだけでなく、利用の過程全般に渡って密接に関与するケアマネジャーはまさしく制度の要である。近年、ケアマネジャーの質が問われ、更新制度の導入や研修の義務付けなど度重なる制度改正によってケアマネジャーの負担感が増大していることは先行研究に示すとおりである。

　しかしながら、処遇改善策として実施された交付金は直接介護に携わる介護職員のみを対象とし、ケアマネジャーは交付金の対象外とされたため、責任や負担が増える傾向に反して賃金や労働条件は改善せず、働き続けるには厳しい環境となっている。

　そこで、本研究ではこれまで議論され、指摘されてきた要因に関して、どの程度満足しているかを把握した主観的な変数を用いて、それらの要因の影響をみる代理変数とする。すなわち、ケアマネジャーを対象として、職務満足度が就業継続意向に与える影響を分析し、就業継続を促進する要因を明らかにすることを目的とする。また、法人格の違いや複数事業所の有無等の事業所の特性が就業継続意向に与える影響についても検証する。

4 方法

4.1 データ

　本研究で用いるデータは、東京大学社会科学研究所附属社会調査・データアーカイブ研究センターSSJデータアーカイブから提供を受けた「介護労働者の就業実態と就業意識調査2008」の個票データである。このデータは、(財)介護労働安定センターが2008年度に同時に行った、「事業所における介護労働実態調査」と「介護労働者の就業実態と就業意識調査」の2つの調査データからなっている。今回は、介護労働者の雇用の安定・福祉の増進に資するために実施された「介護労働者の就業実態と就業意識調査」(以下、労働者調査)によるデータを分析に用いる。

　「事業所における介護労働実態調査」は全国の介護保険サービスを実施する事業所から抽出された17,142事業所（うち1/4は有意抽出、3/4調査は無作為抽出）を対象にアンケート調査を実施し、「労働者調査」は、そのなかで1事業所あたり介護に関わる労働者3人を上限に選出した51,426人に対して調査票を配布し、有効回答は18,035人（有効回答率35.1％）であった。「労働者調査」は2002年度より毎年実施しており、今回用いる2008年度調査は2005年に行われた大幅な介護保険制度改正の後に実施され、公開されている最新のデータであり、ケアマネジャーの現状を捉えることのできる有用なデータであると考えられる。本データの2次分析を行う理由は、(財)介護労働安定センターによる全国調査であること、ランダムサンプリングによりサンプルの妥当性が確保されていること等から対象とするケアマネジャーの現状を全般的にとらえ、政策に反映することができると考えたからである。

　現在、ケアマネジャーが勤務する事業所は、主に居宅介護支援事業所、地域包括支援センター等であるが、本研究では、要介護高齢者の在宅生活支援を主とする居宅介護支援事業所を抜き出し、正規職員として勤めるケアマネジャーを分析に用いた（794人）。その理由は、地域包括支援センターについては2006年4月に設置され、介護予防に重点を置いた包括的

ケア事業を行っており、必置とされる主任ケアマネジャーの主な業務は圏域のケアマネジャーの支援やネットワークの構築であり、要介護高齢者を対象としてケアプランを作成する通常のケアマネジャーとは質が異なることや、主任ケアマネジャーの要件から対象者はすでに皆ケアマネジャー業務において5年以上の経験を持つ者に限定されるからである。

4.2 回帰分析

ロジスティック回帰分析における被説明変数は、就業継続意向である(6年以上続けたい＝1、それ以外＝0)。就業継続意向を6年以上続けたいと回答した者と、それより短い5年までの期間を挙げた者の2つに分けた。5年という期間はケアマネジャーの更新期間と同じであり、今後もケアマネジャーとして仕事を続けたいという意向を表す場合は更新時期を超えてもケアマネジャーとして継続して就労する意欲を示すと考えられるからである。

回帰式は次のようになる。

$$y_i^* = x_i\beta + M_i\gamma + Z_i\delta + u_i$$
$$\begin{cases} y_i = 1 \text{ if } y_i^* \geq 0 \\ y_i = 0 \text{ if } y_i^* < 0 \end{cases} \tag{1}$$

ここで、x_i は就業継続意向 y_i^* に影響を及ぼす職務満足度のベクトル、M_i は個人に関する変数（賃金等を含む）のベクトル、Z_i は事業所特性に関する変数のベクトルである。y_i^* は潜在変数であり、実際に観察できるのは「6年以上続けたいかどうか」という2値変数である。

説明変数としては以下のものを導入する。

(1) **職務満足度に関する変数**：仕事内容・やりがい、賃金、労働時間・休日等の労働条件、勤務体制、人事評価・処遇のあり方、職場の環境、職場の人間関係・コミュニケーション、雇用の安定性、福利厚生、教育訓練・能力開発のあり方、職業生活全般を使用する。

ここでは「現在の仕事の満足度についてお伺いします」という質問に各

項目について、満足5から不満足1までの5段階で回答したものである。

(2) 個人に関する変数：年齢、性別、婚姻状態、生計維持者かどうか、経験（月数）、1カ月あたりの賃金（円）、1週間の労働時間と残業時間（時間）を含める。

(3) 事業所特性に関する変数：複数事業所の有無、従業員数〔20人未満、20人以上50人未満、50人以上100人未満、100人以上200人未満、200人以上400人未満、400人以上500人未満、500人以上の7段階の順序カテゴリー〕、法人格ダミー（民間企業を基準とし、社会福祉協議会、社会福祉法人（社会福祉協議会以外）、医療法人、NPO、社団法人・財団法人、協同組合（農協、生協）、地方自治体（市区町村、広域連合を含む）、その他）を使用する。

各変数の定義と記述統計量は表1、表2に示すとおりである。

表1　推定に用いた変数

変数	変数内容
被説明変数　職場での就業継続意向	今の勤務先にいつまで勤めたいか 6年～10年程度続けたい、働き続けられるかぎり＝1；半年程度、1～2年程度続けたい、3～5年程度続けたい、わからない＝0
説明変数　職務満足度	現在の職場での各項目のマン毒度はどうか （各項目について）
職業生活全体 　　　　　仕事の内容・やりがい 　　　　　賃金 　　　　　労働時間・休日等の労働条件 　　　　　勤務体制 　　　　　人事評価・処遇のあり方 　　　　　職場の環境 　　　　　職場の人間関係、コミュニケーション 　　　　　雇用の安定性 　　　　　福利厚生 　　　　　教育訓練・能力開発のあり方	不満足　やや不満足　普通　やや満足　満足 　1　　　　2　　　　3　　　4　　　5
性別	男性＝1, 女性＝0
年齢	満年齢
配偶者の有無	結婚している＝1, 結婚していない＝0
生計維持者	家庭での主たる生計維持者である＝1, ほか＝0
賃金	税込み月収（賞与は除き、残業・交通費等諸手当等を含む）
労働時間	1週間に働いた時間数（残業時間を含む）
残業時間	1週間の残業時間数
経験月数	現在の職場での勤務月数
複数事業所の有無	同じ法人の中に別の事業所がある＝1, ない＝0
従業員数	勤務している事業所の従業員数
法人格	勤務している事業所の法人格
民間企業 　　　　　　社会福祉協議会 　　　　　　社会福祉協議会以外の社会福祉法人 　　　　　　医療法人 　　　　　　NPO（特定非営利活動法人） 　　　　　　社団法人・財団法人 　　　　　　協同組合（農協、生協） 　　　　　　地方自治体 　　　　　　その他	

出所：筆者作成

第5章　在宅サービスを調整するケアマネジャーの定着促進要因　　97

表2　記述統計量

n=794

変数	平均値	標準偏差	最小値	最大値
継続意志（6年以上）	0.47	0.50	0	1
男性ダミー	0.22	0.41	0	1
年齢	44.73	9.21	26	68
既婚ダミー	0.73	0.44	0	1
生計維持者ダミー	0.40	0.49	0	1
月収	245784.90	65918.63	9963	650000
労働時間数	43.41	6.62	0	80
残業時間数	3.51	5.04	0	40
経験月数	57.08	31.27	0	107
複数事業所ダミー	0.82	0.39	0	1
従業員数	1.98	1.64	1	7
法人格				
民間企業	0.35	0.48	0	1
社会福祉協議会	0.08	0.28	0	1
社会福祉協議会以外の社会福祉法人	0.14	0.34	0	1
医療法人	0.27	0.45	0	1
NPO（特定非営利活動法人）	0.05	0.21	0	1
社団法人・財団法人	0.05	0.22	0	1
協同組合（農協、生協）	0.05	0.21	0	1
地方自治体	0.01	0.11	0	1
その他	0.01	0.09	0	1
職務満足（全体）	3.16	0.92	1	5
職務満足（仕事の内容・やりがい）	3.73	0.97	1	5
職務満足（賃金）	2.57	1.14	1	5
職務満足（労働時間・休日等の労働条件）	3.30	1.15	1	5
職務満足（勤務体制）	3.45	1.05	1	5
職務満足（人事評価・処遇のあり方）	2.97	1.03	1	5
職務満足（職場の環境）	3.43	1.13	1	5
職務満足（職場の人間関係、コミュニケーション）	3.64	1.10	1	5
職務満足（雇用の安定性）	3.39	1.02	1	5
職務満足（福利厚生）	3.01	1.13	1	5
職務満足（教育訓練・能力開発）	3.00	1.05	1	5

出所：筆者作成

　主な変数についてみると、47％の分析対象者が6年以上の就業継続意向を示している。また、対象者に占める22％が男性であり、その平均年齢は44.73歳、平均月収は約245,000円、約4割が生計維持者である。労働時間についてみてみると、週の平均労働時間は43.41時間、残業は3.51時間となっている。

5　結果

　推定結果は表3におよび表4に示したとおりである。
　まず、表3について職務満足度（全体）は就業継続意向に正の影響を与

えていた。また、労働者が生計維持者であることも就業継続意向に正の影響を与えている。加えて、事業所特性では複数の事業所を持つことが就業継続意向を減じている。次に表4についてみると「仕事の内容・やりがい」「人事評価・処遇のあり方」「職場の人間関係、コミュニケーション」への職務満足度が就業継続意向に正の影響を与えていた。また、既婚者と生計維持者であることも就業継続意向を高めている。事業所特性では複数の事業所を持つこととNPO法人であることが就業継続意向を減じていたが、社会福祉協議会が就業継続意向を高めていた。

表3　推定結果　（職務満足度全体）

	オッズ比	標準誤差	Z値	95% 信頼区間	
男性ダミー	0.836	0.184	-0.820	0.543 —	1.286
年齢	0.994	0.009	-0.600	0.976 —	1.013
既婚ダミー	1.311	0.267	1.330	0.880 —	1.955
生計維持者ダミー	1.564 ***	0.308	2.270	1.063 —	2.301
月収	1.000	0.000	0.010	1.000 —	1.000
労働時間数	0.999	0.017	-0.040	0.967 —	1.032
残業時間数	0.993	0.022	-0.300	0.952 —	1.037
経験月数	1.003	0.003	1.200	0.998 —	1.008
複数事業所ダミー	0.483 ***	0.109	-3.240	0.311 —	0.751
従業員数	0.983	0.047	-0.370	0.895 —	1.079
法人格					
社会福祉協議会	1.622	0.493	1.590	0.894 —	2.943
社会福祉協議会以外の社会福祉法人	1.276	0.326	0.950	0.773 —	2.106
医療法人	1.156	0.240	0.700	0.769 —	1.737
NPO（特定非営利活動法人）	0.524	0.208	-1.620	0.240 —	1.143
社団法人・財団法人	1.675	0.619	1.400	0.812 —	3.455
協同組合（農協、生協）	0.837	0.329	-0.450	0.387 —	1.810
地方自治体	0.653	0.462	-0.600	0.163 —	2.614
その他	1.638	1.469	0.550	0.283 —	9.499
職務満足（全体）	2.038 ***	0.189	7.670	1.699 —	2.444
サンプルサイズ	794				
尤度比検定量	99.250 ***				
疑似決定係数	0.090				
対数尤度	-499.620				

注：*** は有意水準1%を指す
出所：筆者作成

表4 推定結果 （個別満足度）

	オッズ比	標準誤差	Z値	95% 信頼区間	
男性ダミー	0.935	0.212	-0.300	0.599 — 1.459	
年齢	1.002	0.010	0.180	0.983 — 1.021	
既婚ダミー	1.456 *	0.304	1.800	0.967 — 2.192	
生計維持者ダミー	1.575 **	0.317	2.260	1.062 — 2.336	
月収	1.000	0.000	-0.210	1.000 — 1.000	
労働時間数	1.000	0.018	-0.030	0.965 — 1.035	
残業時間数	0.995	0.023	-0.230	0.951 — 1.041	
経験月数	1.003	0.003	1.070	0.998 — 1.008	
複数事業所ダミー	0.497 ***	0.114	-3.060	0.318 — 0.778	
従業員数	0.991	0.048	-0.190	0.901 — 1.090	
法人格					
社会福祉協議会	1.780 *	0.563	1.820	0.958 — 3.308	
社会福祉協議会以外の社会福祉法人	1.268	0.340	0.890	0.750 — 2.144	
医療法人	1.202	0.262	0.850	0.785 — 1.842	
NPO（特定非営利活動法人）	0.480 *	0.193	-1.820	0.218 — 1.057	
社団法人・財団法人	1.839	0.705	1.590	0.868 — 3.898	
協同組合（農協、生協）	0.924	0.377	-0.190	0.415 — 2.057	
地方自治体	0.752	0.550	-0.390	0.179 — 3.154	
その他	1.415	1.259	0.390	0.247 — 8.096	
職務満足（仕事の内容・やりがい）	1.247 **	0.113	2.440	1.044 — 1.489	
職務満足（賃金）	1.119	0.101	1.240	0.937 — 1.335	
職務満足（労働時間・休日等の労働条件）	0.958	0.103	-0.400	0.776 — 1.181	
職務満足（勤務体制）	1.081	0.133	0.630	0.848 — 1.376	
職務満足（人事評価・処遇のあり方）	1.277 **	0.142	2.200	1.027 — 1.588	
職務満足（職場の環境）	1.095	0.126	0.790	0.874 — 1.373	
職務満足（職場の人間関係、コミュニケーション）	1.264 *	0.144	2.060	1.011 — 1.580	
職務満足（雇用の安定性）	0.938	0.103	-0.580	0.757 — 1.163	
職務満足（福利厚生）	1.101	0.111	0.950	0.903 — 1.342	
職務満足（教育訓練・能力開発）	1.052	0.108	0.490	0.860 — 1.285	
サンプルサイズ	794				
尤度比検定量	120.540 ***				
疑似決定係数	0.110				
対数尤度	-488.975				

注：***，**，* はそれぞれ有意水準1%，5%，10%を指す
出所：筆者作成

6　適切な評価と組織特性による影響

　職業生活全体における職務満足度は就業継続意向に影響を与えることが分かった。さらに、職務満足度の詳細をみると、「賃金」や「労働時間・休日等の労働条件」は有意な影響はみられなかった。また実際の賃金や労

働時間の変数も有意な影響を与えていない。一方、「仕事の内容・やりがい」や「人事評価・処遇のあり方」は就業継続意向に影響を与えることがわかった。また「職場の人間関係、コミュニケーション」も影響を与えることから、ケアマネジャーにとって、職場での定着促進には賃金そのものよりも仕事自体の内容ややりがいが影響し、自らの仕事がどのように評価され、それによってどのような処遇を受けるかが重要であり、職場の人間関係がうまくいっていると仕事を続けたいという意志に反映することが分かった。すなわち「人事評価・処遇のあり方」や「職場の人間関係、コミュニケーション」への満足度は、賃金のような直接的な労働条件とは別に労働環境に関わるもので、雇用管理面での対応が問われることがらであり、本研究の仮説の参考とした Herzberg による承認、仕事そのもの、および昇進といった職務満足の要因が就業継続意向に影響することが検証されたといえる。

　ケアマネジャーの業務は、ケアプランを作成するにあたって、高齢者本人のニーズを把握し、家族の相談にも乗り、さまざまなサービス担当者と連携し、在宅でできるだけ自立した生活が継続できるよう支援することであるため、介護保険の理念を具体化する役割はケアマネジャーの双肩にかかっているといっても過言ではない。しかし、どんなに相談や調整に時間をかけ、モニタリングを丁寧に行うことで質の高いケアマネジメントを実践しても介護保険による報酬は1カ月1件につき 10,000 円もしくは 13,000 円のどちらかでそれ以上変わりようがなく、担当件数には上限が定められており、利用者に 10% の利用料を課すこともない。つまり、定額のケアマネジメント料が決められており、担当ケースにどれほどの労力をかけようとも報酬は同じである。このような制度上の限られた仕組みのなかで実践せざるを得ない一方で、ケアマネジャーやケアマネジメントの質について制度発足以来常に厳しい批判が向けられてきた。実際、当初は利用者の言いなりにサービスを組み立てる「いいなりケアマネ」や「御用聞きケアマネ」と揶揄されるケースが目立ち（伊藤 2005）、利用者のニーズから必要なサービスを組み立てるニーズ志向による本来のケアマネジメントではなく、先にサービスありきで、それに合わせてケアプランを立てる

という本末転倒なサービス志向のケアマネジメントが行われるケースが多くみられた。このようなサービス志向のケアプランを作成する必要に迫られるのは、法人内で介護保険の多くの事業を運営している場合で、当然のことながらケアマネジャーが作るケアプランによって同一法人内のサービスにつなぐことが期待され、プレッシャーを感じていることが背景にあると考えられる。

　今回の結果からも複数事業所が有るところに勤めるケアマネジャーは長く継続して働きたいと思わないことが分かり、法人内の他のサービスに結びつけることへのプレッシャーが大きいためではないかと解釈できる。

　また、法人格の違いが統計的に説明力を持ったことはアメリカのナーシングホームにおける先行研究の結果を一部追認するものとなった。すなわち民間企業に比べて、社会福祉協議会に勤めるケアマネジャーの場合は、より長く勤めたいと希望する傾向が見られた。社会福祉協議会（以後社協）は社会福祉法人であり非営利組織に含まれるが、1951年の社会福祉事業法（現在の社会福祉法）で位置づけられた地域福祉の拠点となる組織で、全社協をトップとして都道府県社協、市区町村社協までそれぞれが法人格を有する全国組織である。特に市区町村社協は、地域福祉を推進する第一線の機関として、地域の福祉団体や施設・機関の組織化を行い、連絡調整により連携を図ることが重要な役割とされている。ボランティアセンターの設置や各種研修の開催等による人材育成に加えて、近年では事業型社協として独自事業を行うことで財源を確保することが目指されている。収入を得る主な事業として介護保険サービスを実施する社協が多く、なかでも居宅介護支援事業や訪問介護事業はその代表的なサービスである。しかしながら依然として財源の多くは市町村からの委託や補助金によるもので、民間非営利組織ではあるが公的側面が強い。そのため介護保険サービスを提供する際、他では引き受けてもらうことが難しいような採算のとれないケースや多問題による困難ケース等を依頼されることも少なくない。社協はその特殊な性格から他の社会福祉法人とは分けて取り扱うことが多い。社協で働くケアマネジャーはこのような組織特性から、公に代わる地域福祉の担い手として意識せざるを得ず、専門性を磨くことが必要であると同

時に仕事の内容にやりがいや責任感を感じることが多いのではないかと考えられる。一方、NPOに勤めるケアマネジャーは長く働きたいと思わない傾向がみられた。同じ非営利組織であるが、財源の基盤が異なりNPOの多くは零細で脆弱な組織であるため介護保険サービスの市場で同じように競争をすることは難しいことが予想される。NPOに所属するケアマネジャーは本来のミッションを果たすことと、市場での自由競争に勝たなければならないこととの狭間で悩み、雇用の安定性という面で不安を抱えているために、現在の職場で長く仕事を続ける意欲を失うのではないかと思われる。

　これまでの見直しでもケアマネジメントの質の向上を目標に掲げてきたが、第5期介護保険事業計画を迎えるにあたって、厚生労働省はケアマネジャーの資質向上と今後のあり方に関する検討会を開催し、より詳細な実態把握を行った。ケアマネジメントの実態評価の結果、次のような問題が明らかになった（日本総合研究所 2012）。まず、利用者・家族等の状況の把握においては誰の意向かが不明確であり、課題の整理や優先順位が不十分で、認知症や廃用症候群の事例において課題と目標に応じたサービスの位置づけが明確でないものが多くみられた。

　この実態を受けて、ケアマネジャーの研修の見直しが提言され、ケアマネジメントの質の向上のために保険者によるケアプラン点検を必須とすることや、特定事業所加算を取得している事業所においては、ケアプランの内容に踏み込んだ点検を実施することなどが盛り込まれた。

　このような見直しの提言は、ケアマネジメントの質を向上させることにつながると期待される一方で、ケアマネジャーの負担や心理的なストレスを増大させることにもなると危惧される。ケアマネジャーが求めている業務における適切な人事評価や処遇のあり方が保障されることが重要であり、そのための研修の見直しやケアプランの点検でなければならない。

　本研究で明らかにしたケアマネジャーの定着促進要因は、仕事の内容ややりがい、職場の人間関係に対する満足であり、自らの仕事がどのように評価され、それによってどのような処遇を受けるかが重要であった。ケアマネジャーの職場環境として法人による違いも明らかになった。第5期介

護保険事業計画で実施されようとしているケアマネジャーへの研修等の見直しは単にケアマネジャーへの研修を増やしたりケアプランの指導を厳しくしたりする内容ではなく、ケアマネジャーが満足して意欲的に仕事を継続できるような研修内容や職場環境の整備が求められる。

注

1 Aging in place の概念を捉え、その訳を地域居住としたのは松岡（2005）である。狭義には高齢者が住み慣れた地域で自分らしく最期まで暮らすことを指すが、松岡（2011:26）によれば、「高齢者の自宅・地域にとどまりたいという根源的な願いに応え、虚弱化にもかかわらず、高齢者が尊厳をもって自立して自宅・地域で暮らすことをいう。施設への安易な入所を避けるために注目されてきた概念であり、施設入所を遅らせたり、避ける効果がある」と定義されている。

2 （財）介護労働安定センターは1992年に設立された「介護労働法」の指定法人であり、2002年より介護労働実態調査を毎年実施している。

3 ケアマネジャーとは介護保険法に規定された介護支援専門員のことで、介護保険法第7条5に規定されている。「要介護者または要支援者からの相談に応じ、及び要介護者等がその心身の状況等に応じ適切な居宅サービス、地域密着型サービス、施設サービス、介護予防サービス又は地域密着型介護予防サービスを利用できるよう市町村、居宅サービス事業を行う者、地域密着型サービスを行う者、介護保険施設、介護予防サービス事業を行う者、地域密着型介護予防サービス事業を行う者等との連絡調整等を行う者であって、要介護者等が自立した日常生活を営むのに必要な援助に関する専門的知識及び技術を有するものとして第69条の7第1項の介護支援専門員証の交付を受けたものをいう。」

　介護支援専門員は国家資格ではなく、医師、歯科医師、薬剤師、保健師、助産師、看護師、准看護師、理学療法士、作業療法士、社会福祉士、介護福祉士等21種類に及ぶ国家資格を有する者が厚生労働省の定める実務を5年以上経験している場合に都道府県が行う試験の受験資格が得られる。また、国家資格ではないが、ホームヘルパーも実務経験が10年以上の場合は同様に受験資格が得られる。試験に合格した後、実務研修の過程を終了したものは当該都道府県の登録を受けることができる。また、2006年の改正により更新制度（5年間）が導入され、更新研修が義務化されている。

4 当初は100件を超すケースを担当するケアマネジャーも存在し、ケアマネジャーの業務の質の低下が問題となっていた。そこで、サービスの質を担保するために、介護プランは35件まで、予防プランは8件まで（2012年改定から委託制限廃止）とし、予防プランを1/2で計算して全部で39件までと定められている。それ以上は減算の対象となる。

5 本来のケアマネジメント（米ではケースマネジメント）は、クライエントの心身の問題に応じてケアマネジャーがクライエントと共に必要なサービスの内容や量を決め、各種サービス機関と連絡調整を行い、クライエントができるだけ自立した日常生活を送るように支援する一連の援助の過程を指すが、わが国の介護保

険制度の下でのケアマネジメントは、当初より要介護度が定められ、利用できるサービスの種類が限られていたり、限度額が決められている等、一定の枠内でのサービスの管理調整に止まっている点で異なる。

引用・参考文献

Banaszak-Holl, J. & Hines, M. (1996) Factors associated with nursing home staff turnover, *The Gerontologist*, 36 (4), pp. 512-517.

Brannon, D., Zinn, J. S., Mor, V. & Davis, J. (2002) An exploration of job, organizational , and environmental factors associated with high and low nursing assistant turnover, *The Gerontologist*, 42 (2), pp. 159-168.

Castle, N. G. & Engberg, J. (2006) Organizational characteristics associated with staff turnover in nursing homes, *The Gerontologist*, 46 (1), pp. 62-73.

Herzberg, F. (1966) *Work and the nature of man*, Cleveland: World Publishing(北野利信訳(1968)『仕事と人間性──動機づけ─衛生理論の新展開』東洋経済新報社).

馬場純子・三枝公一(2008)「介護保険改正によるケアマネジメント業務量の変化──介護支援専門員業務量調査(2003年度・2007年度実施)結果の比較より」『日本社会福祉学会第56回全国大会要旨集』p. 329.

古瀬みどり(2003)「介護支援専門員のバーンアウトと関連要因」『日本在宅ケア学会誌』7 (1), pp. 61-67.

濱本賢二(2011)「特別養護老人ホームにおける介護職員定着化に関する研究」『医療と社会』21 (1), pp. 69-83.

花岡智恵(2009)「賃金格差と介護従事者の離職」『季刊社会保障』45 (3), pp. 269-286.

花岡智恵(2010)「介護労働者の早期離職要因に関する実証分析」『PIE/CIS Discussion Paper from Center for International Studies, Institute of Economic Research, Hitotsubashi University』472, pp. 1-15.

畑智恵美(2006)「在宅介護支援センター相談員(ケアマネジャー)のバーンアウトとその関連要因」『ケアマネジメント学』5, pp. 101-115.

広島県健康福祉局(website)「介護支援専門員実態調査」平成21年度調査報告書　2010年9月
(http://www.pref.hiroshima.lg.jp/uploaded/attachment/15824.pdf)
2012/7/14.

細羽竜也(2011)「介護支援専門員の職業性ストレスに及ぼす職場環境の影響」『人間と科学　県立広島大学保健福祉学部誌』11 (1), pp. 41-52.

井手孝美・佐藤ゆかり・堀部徹(2005)「介護支援専門員における業務負担感の因子構造の検討」『ケアマネジメント学』3, pp. 78-85.

井村弘子（2005）「介護職員のメンタルヘルス ——職場環境とバーンアウトとの関連」『沖縄大学人文学紀要』6, pp. 79-89.

井村弘子（2006）「介護支援専門員の抱えるストレスとバーンアウト」『沖縄大学人文学紀要』7, pp. 87-97.

伊藤幸子（2005）「介護支援専門員の業務に関する考察」『奈良佐保短期大学紀要』13, pp. 37-43.

金谷信子（2004）「訪問介護事業の法人別経営実態の現状と課題」大阪大学介護保険研究会『訪問介護事業の経済分析』pp. 25-60.

金谷信子（2007）「訪問介護市場の法人別経営実態の分析」『福祉のパブリック・プライベート・パートナーシップ』日本評論社, pp. 167-208.

金谷信子・山内直人（2009）「訪問介護市場における非営利事業者の市場シェア ——都道府県別パネル分析 2001-2005 年」2009 年 3 月 22 日『第 11 回日本 NPO 学会大会報告』pp. 1-16.

厚生労働省（website）「平成 23 年 介護事業経営実態調査（速報値）」（http://www.mhlw.go.jp/stf/shingi/2r9852000001qg2e-att/2r9852000001qg4s.pdf）2012/7/14.

高良麻子（2004）「介護支援専門員のバーンアウトに関する研究 ——バーンアウト予防法としてのストレスマネジメントの検討」『社会福祉実践理論研究』13, pp. 25-37.

高良麻子（2007）「介護支援専門員におけるバーンアウトとその関連要因 ——自由記述による具体的把握を通して」『社会福祉学』48 (1), pp. 104-116.

窪田悦子・岡田進一・白澤政和（2004）「介護支援専門員に対する教育的・支持的サポートのあり方に関する研究」『厚生の指標』51 (10), pp. 6-12.

松岡洋子（2011）『エイジング・イン・プレイス（地域居住）と高齢者住宅 ——日本とデンマークの実証的比較研究』新評論.

松岡洋子（2005）『デンマークの高齢者福祉と地域居住 ——最期まで住み切る住宅力・ケア力・地域力』新評論.

日本総合研究所（2012）「介護支援専門員の資質向上と今後のあり方に関する調査研究 ——ケアプラン詳細分析結果報告書」介護支援専門員（ケアマネジャー）の資質向上と今後のあり方に関する検討会，第 2 回（平成 24.5.9）資料 1, pp. 1-9.

越智あゆみ・金子務（2008）「介護保険改正後の介護支援専門員の労働環境 ——バーンアウト調査に基づく検討」『総合社会福祉研究』32 (1), pp. 109-119.

大和三重（2010）「介護労働者の職務満足度が就業継続意向に与える影響」『介護福祉学』17（1），pp. 16-23.

下野恵子（2009）「介護サービス産業と人材確保」『季刊家計経済研究』82，pp. 13-23.

周燕飛（2009）「介護施設における介護職員問題の経済分析」『医療と社会』19（2），pp. 151-168.

渡部律子（2002）「利用者主体の高齢者在宅ケアをめぐる課題——ケアマネジャーの仕事をとおしてみる利用者主体ケアのあり方」『老年社会科学』24，(1)，pp. 30-38.

山井理恵（2009）「介護労働とケアマネジメント」『季刊家計経済研究』82，pp. 37-44.

資料 　　調査概要

平成 20 年度介護労働実態調査、2008
介護労働者の就業実態と就業意識調査　―労働者調査票―

1. 調査主体
　　財団法人　介護労働安定センター

2. 調査対象と調査数
　　全国の介護保険法で指定された介護サービス事業を実施する事業所のなかから抽出された 17,350 事業所（うち約 1/4 の事業所は有意抽出、3/4 は無作為抽出）に対して調査票を配布。この事業所の中から 1 事業所あたり介護にかかわる労働者 3 名を上限に、無作為に抽出した 52,050 人に対して調査票を配布。有効回答 18,035 人（有効回答率 35.1％）。

3. 調査項目
　　現在の仕事、経験年数、職種、労働時間、賃金、福利厚生、仕事の継続意志、仕事の満足度、働く上での悩み、不安、不満等。

4. 調査実施期間
　　2008 年 11 月 1 日～ 12 月 10 日

5. 調査方法
　　質問紙によるアンケート調査（自記入式）

6. 調査結果（基本属性）N=18,035
・性別　　女性 82.2％、男性 17.1％。
・平均年齢　43.2 歳（女性 44.6 歳、男性 36.2 歳）。

・年齢構成

表1　年齢構成

年齢区分	%
20歳未満	0.2
20歳以上25歳未満	4.7
25歳以上30歳未満	9.8
30歳以上35歳未満	12.0
35歳以上40歳未満	11.8
40歳以上45歳未満	12.5
45歳以上50歳未満	14.3
50歳以上55歳未満	14.4
55歳以上60歳未満	11.5
60歳以上	7.4

・職種と性別

表2　職種と性別構成

	平均年齢(歳)	男(%)	女(%)	無回答(%)
介護職員（N=7682）	40.0	22.0	77.5	0.6
介護支援専門員（N=1938）	45.9	17.0	82.1	0.9
訪問介護員（N=3781）	47.7	6.2	92.9	0.8
訪問看護員（N=247）	44.9	3.2	95.5	1.2
生活相談員（N=779）	37.8	41.7	57.9	0.4
理学療法士・作業療法士・言語聴覚士（N=140）	33.8	50.0	50.0	—
看護師・准看護師（N=1060）	45.3	3.6	95.8	0.7
その他（N=384）	44.2	38.3	61.2	0.5
無回答（N=106）	46.4	38.3	61.2	0.5
合計（N=18035）	43.2	17.1	82.2	0.7

・介護保険サービス系型別従業者構成

表3　介護保険サービス系型別従業者構成

(%)

訪問系	施設系		その他	無回答
	入所型	通所型		
45.0	27.9	24.3	0.9	1.9

・現在の主な仕事

表4　現在の主な仕事

(%)

介護職員	訪問介護員	介護支援専門員	サービス提供責任者	看護師・准看護師	生活相談員	訪問看護員	理学療法士・作業療法士・言語聴覚士	その他	無回答
42.6	21.0	10.7	10.6	5.9	4.3	1.4	0.8	2.1	0.6

出所：表1～表4　(財)介護労働安定センター　平成20年度介護労働実態調査、2008「平成20年度介護労働実態調査結果について」を元に筆者加筆修正

第6章

地域包括支援センター職員の定着促進要因
職務満足度が就業継続意向に与える影響

1 はじめに

　2005年6月の介護保険制度の改正を受け、2006年4月に地域包括支援センターが創設された。介護保険法第115条の46第1項によれば、地域包括支援センターは、「地域住民の心身の健康の保持及び生活の安定のために必要な援助を行うことにより、その保健医療の向上及び福祉の増進を包括的に支援することを目的とする」。市町村（特別区を含む）が設置することができ、市町村から委託を受けた者も地域包括支援センターを設置することができる。したがって、地域包括支援センターには大きく行政による直営型（約3割）と民間委託型（約7割）に分かれる。

　地域包括支援センターの実際の業務は多岐にわたる。包括的支援事業のなかに「介護予防ケアマネジメント事業」「総合相談・支援事業」「権利擁護事業」「包括的・継続的ケアマネジメント支援事業」の4つの事業があり、それぞれを一体的に実施する中核的拠点として位置づけられている。これらのほかに指定介護予防支援として、介護保険における要支援1と2の該当者に対して介護予防ケアプランを立てる業務を担っている。当初は担当件数の制限がなく、また居宅介護支援事業所のケアマネジャーに委託できる件数に上限があったため、介護予防ケアプランの作成にかかる労力が大きな負担となっていた。これらの負担については地域包括支援センターの創設時より指摘されてきたところである（筒井2006）。地域包括支援セン

ターは地域包括ケアの中核であり、それまで在宅介護支援センターが担ってきた業務に市町村事業や老人保健事業が加わり、さらに特定高齢者[2]や予防ケアマネジメント業務を担うこととなった（上野ほか2010）。しかし、圏域の高齢者人口と職員配置を考えると保険者によって、格差も見られ（西島2009）、適切なケアマネジメント業務を実施することができる状況ではなく、特に人材の確保が課題になると懸念されていた（筒井2006）。2008年度『地域包括ケア研究会報告書――今後のための論点整理』によると、「ニーズに応じた住宅が提供されることを基本とした上で、生活上の安全・安心・健康を確保するために、医療や介護のみならず、福祉サービスを含めた様々なサービスが日常生活の場（日常生活圏域）で適切に提供できるような地域での体制」をつくり、地域包括支援センターは、そこで中核的な役割を担って地域包括ケアを推進することが期待されている。

　現在は要支援1・2の介護予防ケアプランの担当件数に制限を設けるなどして介護予防支援業務に過度な比重をかけず包括支援事業に力を注ぐことができるような体制づくりが目指されているが、[3] 2011年の介護保険法改正によって創設された介護予防・日常生活支援総合事業も地域包括支援センターにさらに求められる役割である。これは市町村の判断により要支援者・介護予防事業対象者に対して介護予防・日常生活支援のためのサービスを提供する制度で、予防給付のサービスを利用するのか、新たな総合サービスを利用するのかを市町村と地域包括支援センターが利用者の状態やニーズに応じて判断する。

　地域包括支援センターには主任ケアマネジャー、社会福祉士、保健師等の3種類の専門職が配置され、それぞれ専門性を発揮して地域住民の保健医療の向上と福祉の増進を図ることが目指されている。各々の専門性を活かしながらもチームアプローチやネットワーク形成といった他者との連携による業務の推進が求められていることから、介護保険制度の下での仕事と市町村の独自事業の両方をこなす力量が必要となる。

　本章では、介護にかかわる人材のなかでも地域住民に最も近い中核機関としての機能を担う地域包括支援センターで働く職員を対象に職務満足度を中心とした要因が就業継続意向に与える影響を明らかにする。

2 先行研究

　地域包括支援センターの職員に関する実証研究は、職員のストレスに関するものとして、牧田ほか（2008）が専門職スタッフのワークストレスについて精神保健の視点から職務が精神的健康に与える影響を調査し、他の対人援助職同様に精神的負担が強いことを明らかにしている。さらに、職種では主任ケアマネジャーが保健師や社会福祉士よりも情緒的消耗感が有意に高く、業種では包括的・継続的ケアマネジメント支援業務が給付・介護予防ケアマネジメント業務や総合相談・権利擁護業務よりも情緒的消耗感が強いという結果から、包括的・継続的ケアマネジメント支援業務を行う主任ケアマネジャーは専門職のなかでも最も強いワークストレスを受けていると述べている。

　一方、澤田（2010）が専門3職種の職務意識について比較研究を行った結果、バーンアウト得点についてはいずれの職種も高いリスクは見られなかったが、年齢や経験年数が主任ケアマネジャー、保健師、社会福祉士の順に高くなっており、主任ケアマネジャーは達成感や自律性得点が他職種よりも高かった。これは年齢や経験をもとに職場での地位が高いことが考えられることから、3職種の専門性の違いより、年齢や経験に基づく職場での地位に注目する必要を示唆している。

　また、望月（2011）は、地域包括支援センターの専門職数が多いと仕事にやりがいを感じる者や継続意欲のある者の割合が有意に高くなることを明らかにし、ストレス対処能力が高いことは精神健康状態の安定とバーンアウトの予防につながると結論づけている。このほか地域包括支援センターの専門職のソーシャルサポートに関する研究で、澤田ほか（2012）は実態調査を行い、専門職のサポートは上司サポートと同僚サポートの2つの因子構造に分かれ、年齢や経験年数と有意な関連があることを見出した。また職種別では、主任ケアマネジャーよりも社会福祉士の方が、年齢ではベテランよりも若年層の方が上司・同僚サポート得点の両方が高いことを明らかにした。また、石川ほか（2013）は、同調査のデータをもとに、

専門職のネットワークとサイズ、スーパーバイザーの有無、仕事への社会的評価、年齢、性別が燃え尽きに有意に影響を与えていることを明らかにしている。

満足度という視点から武井・冷水（2008）は、地域包括支援センターで働く社会福祉士を対象に業務の自己評価に関連する要因分析のなかで「業務上のことで相談助言を受ける環境の満足度」が自己評価総合得点に正の大きな影響を与えることを明らかにしている。そこで、職場内に専門性を共有できる人がいない状況が問題であるが、制度や予算を考えると職員の増員は容易でないため、相談助言環境の満足度を高める方法として地域包括支援センター間の社会福祉士のネットワークや専門職集団によるスーパービジョンのシステム化を提言している。

他方、職務満足度については、大友と志渡（2010）が、北海道内の地域包括支援センターに勤務する社会福祉士156名の職務満足度とその関連要因を分析したものがある。「満足群」「不満足群」に分類し、職業性ストレス、身体的・心理的ストレス、ソーシャルサポートとの関連を見たところ、各要因で満足群と不満足群に有意な差が見られた。その結果、満足群の特徴として「仕事の負担度が低く、仕事の裁量度が高く、職場内の人間関係が良好で、家庭・私生活に満足している人」（大友・志渡2010：104）と結論づけている。また、不満足群は残業が多く、心身の疲労が蓄積され、仕事にやりがいや喜びを見いだせない状況にあるため、最終的に離職につながる可能性を示唆している。これまでのところ、職務満足度と就業継続意向の関係についての研究は、上記以外ほとんど見られず、また地域包括支援センターの他の専門職を含めた分析も見当たらない。したがって、本研究では、地域包括支援センターの全職員を対象として職務満足度が就業継続意向に与える影響を明らかにする。

3 方法

3.1 データ

　使用するデータは、平成21～23年度科学研究費補助金（基盤研究B）（課題番号：21330144）「高齢者保健福祉専門職の離転職の要因分析と専門職支援の可能性の検討」（研究代表者：石川久展）の助成による研究で得られたものである。本研究は、地域包括支援センターに配置されている主任ケアマネジャー、社会福祉士、保健師（看護師）を対象とした。調査対象者の選定については、全国の市区町村番号を用いて系統抽出を行い、454の市区町村を抽出し、当該市区町村のホームページ等から把握できる地域包括支援センター966カ所を抽出した。調査方法は、郵送法を用い、966カ所の地域包括支援センターに対し1カ所5部の調査票を送り、郵送にて回収した。1,230人の回答のうち、1,145人の有効回答を得ており、回収率は25.5%である。調査の実施期間は、2011年1月31日から2月15日である。

3.2 変数および推定モデル

　被説明変数には、就業継続意向として「1. すぐやめたい・転職したい、2. 今ではないがやめたい・転職したい、3. 当面勤め続けたい、4. できる限り勤め続けたい」の4段階で聞いた変数（y_i）を用いる。説明変数は、大きく3つに分けられる。第1番目は職務満足度（x_i）で、全体的な職務満足度および個別の満足度9項目の影響を検討する。第2番目は、専門職の種類、事業所の運営形態（直営か否か）、スーパーバイザーの有無、仕事への社会的評価（Z_i）である。第3番目は、性別、年齢、配偶者の有無、学歴、保健福祉職通算経験、現在の職場経験といった個人属性（M_i）である。

　これらの変数を用いて重回帰分析を行い、個々の変数が就業継続意向に与える影響について推定を行った。

$$y_i^* = \alpha + x_i\,\beta + Z_i\gamma + M_i\,\delta + u_i \tag{1}$$

ここで、y_i^* は就業継続意向（y_i）の潜在変数である。

表1は推定に用いた変数を示したものである。

表1　推定に用いる変数

変数	変数内容
被説明変数	
職場での就業継続意向	今の勤務先にいつまで勤めたいか
	すぐやめたい・転職したい＝1，今ではないがやめたい・転職したい＝2，当面勤め続けたい＝3，できる限り勤め続けたい＝4
説明変数	
性別	男性＝1，女性＝2
年齢	満年齢
配偶者の有無	結婚している＝1，結婚していない＝2
学歴	中学校（旧制高等小学校を含む）＝1，高等学校（旧制中学校を含む）＝2，専門・専修学校＝3，短大・高専＝4，4年制大学（旧制高校・新制大学院を含む）＝5
運営形態	直営型＝0，委託型＝1
専門職種	
社会福祉士	
保健師（看護師）	
主任ケアマネジャー	
通算経験	保健医療福祉の分野での通算経験月数
現職経験	現在の職場での経験月数
スーパーバイザーの有無	スーパーバイザーがいる＝1，スーパーバイザーがいない＝2
仕事への社会的評価	非常に評価されている＝1，かなり評価されている＝2，あまり評価されていない＝3，全く評価されていない＝4
職務満足度	
職業生活全体	現在の職場での各項目の満足度はどうか（各項目について）
仕事の内容・やりがい	
賃金	
労働時間・休日等の労働条件	不満足　　やや不満足　　普通　　やや満足　　満足
勤務体制	1―――――2―――――3―――――4―――――5
人事評価・処遇のあり方	
職場の環境人間関係、コミュニケーション	
雇用の安定性	
福利厚生	
教育訓練・能力開発のあり方	

出所：筆者作成

4 結果

4.1 職務満足度および就業継続意向の状況

被説明変数および説明変数の記述統計量は表2のとおりである。

表2 記述統計量

n=1032

	平均値	標準偏差	最小値	最大値
就業継続意向	2.968	0.851	1	4
性別	1.816	0.388	1	2
年齢	41.349	10.177	22	72
配偶者の有無	1.321	0.467	1	2
学歴	3.940	1.008	1	5
社会福祉士	0.359	0.480	0	1
保健師（看護師）	0.386	0.487	0	1
主任ケアマネジャー	0.255	0.436	0	1
運営形態	0.593	0.492	0	1
通算経験	191.015	165.867	1	551
現職経験	65.603	102.885	1	466
スーパーバイザーの有無	1.519	0.500	1	2
仕事への社会的評価	2.554	0.598	1	4
職務満足度				
仕事の内容・やりがい	3.685	0.946	1	5
賃金	2.740	1.101	1	5
労働時間・休日等の労働条件	3.372	1.085	1	5
勤務体制	3.301	1.036	1	5
人事評価・処遇のあり方	2.891	0.993	1	5
職場の人間関係、コミュニケーション	3.517	1.103	1	5
雇用の安定性	3.645	1.088	1	5
福利厚生	3.360	1.065	1	5
教育訓練・能力開発	3.013	0.978	1	5

出所：筆者作成

4.2 推定結果

推定結果は表3および表4に示したとおりである。

職務満足度の推定結果をみてみると、「職業生活全体」への満足度は就業継続意向に対して正の影響を与えており、個別の職務満足度についても、「仕事の内容・やりがい」「人事評価・処遇のあり方」「職場の人間関係、

表3　推定結果（全体満足度）

説明変数	B	標準誤差	β
性別	-0.092	0.066	-0.042
年齢	0.006	0.003	0.067
配偶者の有無	-0.162 **	0.053	-0.089
学歴	-0.001	0.029	-0.001
社会福祉士	0.101	0.065	0.057
主任ケアマネジャー	0.080	0.064	0.042
運営形態	-0.069	0.049	-0.040
通算経験	0.000	0.000	-0.007
現職経験	0.000	0.000	0.018
スーパーバイザーの有無	-0.157 **	0.048	-0.092
仕事への社会的評価	-0.261 ***	0.042	-0.184
職務満足度（職業生活全体）	0.313 ***	0.029	0.321
定数項	2.979 ***	0.301	
R^2	0.218		
調整済 R^2	0.208		
R	0.466		
F値	24.024 ***		
サンプルサイズ	1050.000		

注：***，** はそれぞれ有意水準1%、5%を指す
出所：筆者作成

表4　推定結果（個別満足度）

説明変数	B	標準誤差	β
性別	-0.044	0.064	-0.020
年齢	0.006 **	0.003	0.075
配偶者の有無	-0.131 **	0.052	-0.072
学歴	-0.007	0.028	-0.008
社会福祉士	0.047	0.064	0.027
主任ケアマネジャー	0.073	0.062	0.037
運営形態	-0.078	0.049	-0.045
通算経験	0.000	0.000	-0.025
現職経験	0.000	0.000	0.024
スーパーバイザーの有無	-0.079	0.049	-0.047
仕事への社会的評価	-0.154 ***	0.042	-0.109
職務満足度			
仕事の内容・やりがい	0.255 ***	0.029	0.284
賃金	0.013	0.027	0.016
労働時間・休日等の労働条件	0.052	0.031	0.066
勤務体制	0.018	0.033	0.022
人事評価・処遇のあり方	0.095 **	0.033	0.110
職場の人間関係、コミュニケーション	0.087 ***	0.025	0.113
雇用の安定性	0.006	0.030	0.008
福利厚生	-0.020	0.033	-0.025
教育訓練・能力開発	0.020	0.031	0.024
定数項	1.722 ***	0.323	
R^2	0.287		
調整済 R^2	0.273		
R	0.536		
F値	20.390 ***		
サンプルサイズ	1032.000		

注：***，** はそれぞれ有意水準1%、5%を指す
出所：筆者作成

コミュニケーション」が正の影響を与えていることがわかった。

その他の変数については、表3の職業生活全体への満足度の推定結果では「仕事への社会的評価」および「スーパーバイザーの有無」が影響を与え、個人属性の変数では「配偶者の有無」が影響を与えていた。

一方、表4の個別の職務満足度の推定結果では、「仕事への社会的評価」や「配偶者の有無」は同じように影響を与えているが、「スーパーバイザーの有無」については統計的に有意な影響は見られなかった。

5　考察

地域包括支援センターで働く職員の職務満足度について、本研究では職業生活全体に対する満足度および9つの個別の職務満足度を示す変数を分析対象とした。その際、個人属性の変数や専門職の種類、事業所の運営形態（直営か否か）、スーパーバイザーの有無、仕事への社会的評価への受け止めを表す変数を入れることによって、次のことがらが明らかになった。

(1) 職業生活全体に満足している職員は仕事を続けたいという意向を持つ傾向にある。

これは、職務満足要因が仕事への動機づけとなることを示すHerzberg（1966）の理論に従うものである。本研究で職業生活全体に満足していることやスーパーバイザーがいることが仕事を続けたいという意志につながることが分かったことで、これまでの介護職員の就業継続意向や離転職における要因分析では、あまり取り上げてこられなかったスーパーバイザーの影響がここで明らかになったと言える。

地域包括支援センターの職員にとってスーパーバイザーが存在することはどういう意味を持つのか、スーパービジョンを行う目的を再度確認してみたい。スーパービジョンの目的は、黒川（1992）によれば利用者や地域社会に対して適切な福祉サービスを提供することと、これらのサービスの担い手である職員の養成訓練である。つまり職員を育て専門性を向上することによって効果的な援助実践を可能とすることが目的である。スー

パービジョンは対人援助職にとって専門家養成過程に必要不可欠な教育訓練の方法と捉えることができる。その主な機能は教育、管理、支持、評価の4つがあるとされるが（津田 2000）、なかでも支持あるいは援助の機能は地域包括支援センターの職員にとっては重要な役割を果たすと考えられる。それは、困難な業務を行う専門職が自らの援助活動場面で悩んだり、迷ったり、壁にぶつかったりするときに、自分を見つめ直し、課題に取り組めるよう見守り援助するからである。そして、スーパービジョンはコンサルテーションとは異なり、所属機関・施設の方針に従って行われるものであり、スーパーバイザーは機関の責任において、職員の能力を最大限に生かしてより適切な実践ができるように援助するのである（黒木・倉石 1998）。

　地域包括支援センターは、主任ケアマネジャー、社会福祉士、保健師等の3種類の専門職が必置とされているが、その規模においては違いがみられ、複数の専門職を備えているセンターもあれば、規定ぎりぎりの人数で運営しているところもある。したがって、それぞれの専門性に応じたスーパービジョンが提供されるには経験がありスーパーバイザーとなりうる専門職が複数配置されていることが必要である。地域包括支援センターの業務は先述のとおり、包括的支援事業から介護予防・日常生活支援総合事業、および介護予防サービス計画に至るまで多岐にわたる。

　たとえば、主任ケアマネジャーが圏域の居宅介護支援事業所に属するケアマネジャーの支援をする場合、困難事例が対象となる場合が多い。困難事例の解決にはさまざまな専門職を含む関係者や機関等との連携が不可欠であり、支援を依頼するケアマネジャーの期待に応えられるかどうかといった負担と責任は重い。虐待事例が発生した場合、行政の担当部署等と連携することは当然であるが、その際の社会福祉士の対応について相談をしたり助言を得るスーパーバイザーがセンター内にいるか否かは家庭内での虐待という困難でデリケートな問題に取り組む際に、自らの業務内容を吟味し、課題を整理し、自信をもって遂行できるかどうかといった面で大きな差を生むであろう。また保健師としての業務には他の社会福祉士や主任ケアマネジャーとは異なる医療・保健の専門分野の視点が求められる。

このような場合、他に相談できるスーパーバイザーの存在は仕事を続けるうえで支えになる可能性が強いと考えられる。

(2) 個別の職務満足度では「仕事の内容・やりがい」「人事評価・処遇のあり方」「職場の人間関係、コミュニケーション」の3変数が就業継続意向に影響を与え、「賃金」や「労働時間・休日等の労働条件」「勤務体制」等の変数は有意な影響を与えていない。

今回の調査では、実際の賃金について聞いていないため客観的なコントロール変数として投入することはできなかった。しかし、満足度では、他の満足度の変数が有意な影響を与えているにもかかわらず、賃金や労働条件についての満足度はその影響が見られなかった。それよりも仕事の内容ややりがいに満足しているかどうか、人事評価や処遇のあり方に満足しているかどうか、また職場での人間関係やコミュニケーションが上手くいっているかどうかの方が仕事を続けたいという意志に影響を与えることが分かった。賃金に対する満足度が有意でないという結果は、第5章のケアマネジャーにおける結果と同じである。

(3) どちらの推定結果の場合も「仕事への社会的評価」が低いと就業継続への意欲が削がれる傾向が見られた。

第3章の施設で働く介護職員の場合は、賃金に対する満足度が就業継続意向に影響しており、施設系と在宅系のサービスを提供する職員の違いが見られたと言えるが、施設の場合も実際には賃金そのものよりも、仕事に見合う適切な報酬であるかどうかが問われていた。つまり賃金の実際の額よりも、自分たちが行っている仕事に対する評価としての意味合いの方が強く、日々の業務内容や成果に照らして賃金が納得のいくものかどうかが影響すると考えられる。本章の調査では他章で使用した調査では含まれていない質問項目として社会的評価を問うている。勤務する事業所の上司や雇用者だけでなく、社会全体がどのように評価しているかということ、つまり地域包括支援センターにおける自分たちの仕事に対してどのように評価していると思うかが問われており、地域住民の健康増進や生活の安定の

ために働いている自分たちの役割を社会が大事な仕事をしていると認めてくれていると思うと、仕事を続けていくうえでの促進要因にもなり、全く評価されていないと受け止めている場合には疎外要因になることが分かった。

　地域包括支援センターの職員の場合、日常の業務に対する社会的な評価が仕事を続けたいかどうかに影響することが分かった。3職種はそれぞれ専門職として地域包括支援センターに必置とされ、地域住民の介護だけでない幅広いニーズに応えるために日々奮闘している。それにもかかわらず自分たちの仕事が社会的に適切に評価されていないと感じている職員の場合は仕事を継続する意欲を失うのは当然のことと思われる。

　また、2013年8月に「社会保障制度改革国民会議報告書——確かな社会保障を将来世代に伝えるための道筋」が提出され、医療・介護分野の改革のなかで医療・介護サービスの提供体制改革が提案されている。そのなかで医療と介護の連携と地域包括ケアシステムというネットワークの構築が必要であり、2015年度からの第6期以降の介護保険事業計画を「地域包括ケア計画」と位置づけ、取り組みを進めることを求めている。そして地域包括ケアの実現には特に地域包括支援センターの役割が重要であると指摘している。このように、今後さらに地域包括支援センターの働きが期待されており、2015年度に向けて業務範囲の見直しや役割の再考が必要な時期を迎えている。

　本章の分析結果から仕事の適切な評価やスーパービジョンの導入による知識・技術の向上を促進する取り組みの実施、社会的に仕事が理解され適切に評価されるような住民の意識向上への取り組み等、モチベーションの維持向上に向けた工夫が重要であることが示唆された。とりわけ大きな変化が見込まれる今後はこれまで以上にこれらの点に着目し、早急に対応することで職員の定着を促進し、長期的に安定した地域包括ケアシステムの実現を図る必要がある。

注

1 　要支援1・2の介護予防ケアプランの作成に当たっては、居宅介護支援事業所に外部委託することができるが、2007年3月末まではケアマネジャー1人当たり8件という上限が定められていた。また、地域包括支援センターは介護予防ケアプランを委託してもプランの実行や実施後の結果について、およびその評価やその後の方針についても、責任を持つことは変わりない。したがって、業務の遂行上、良好な関係を築き、信頼できる委託先ケアマネジャーを探す必要があり、結果として地域包括支援センター職員の負担は変わらず重いと言える。

2 　特定高齢者とは、2005年6月29日に一部改正された介護保険法に新しく登場したもので、要介護状態になる前の段階で予防する体制の充実を図るための対象として一般高齢者の次に分類される区分である。要支援1・2は介護保険のなかの介護予防サービスの対象となり要支援状態を改善したり重度化を防ぐことが目的で、その手前の特定高齢者の目的は生活機能低下の早期発見を行うことで介護予防を図ることである。当初は高齢者人口の5％が特定高齢者になると予想され、介護予防事業として特定高齢者を把握し、通所サービスや訪問サービス、評価事業などが実施されていたが、特定高齢者の把握が難しく、またサービス利用につながらず、特定高齢者施策への参加率が低いといった問題があった。原因の1つとして「特定高齢者」という言葉の印象が悪いためとのことで、2010年8月の「地域支援事業実施要綱」で、「二次予防に係る事業の対象者」と名称が変更され、市町村で親しみやすい通称の使用が推奨されている。

3 　介護予防ケアマネジメントの件数については、地域包括支援センター業務のなかでの比重が重く、業務量の負担から本来の包括的支援事業に割くことができない状況が見られたため、保険者によっては介護予防ケアプランの件数について、職員1人当たりの制限を設けているところもある。例えば、神戸市では2012年4月からセンター職員による要支援者のプラン作成に上限を設け、1人当たり30件を標準とし、40件で制限をかけることとしている。

引用・参考文献

Herzberg, F.（1966）Work and the nature of man, cleveland: world Publishing（北野利信訳（1968）『仕事と人間性——動機づけ—衛生理論の新展開』東洋経済新報社）.

地域包括ケア研究会（2009）『地域包括ケア研究会報告書——今後のための論点整理』平成20年度老人保健健康増進等事業, pp. 1-28.

石川久展・松岡克尚・大和三重・澤田有希子（2013）「地域包括支援センターの専門職の燃えつきの要因に関する研究——地域包括支援センターの専門職ネットワークと燃えつきとの関連」日本社会福祉学会 第61回秋季大会 発表要旨集.

黒川昭登（1992）『スーパービジョンの理論と実際』岩崎学術出版社.

黒木保博・倉石哲也（1998）『社会福祉援助技術』全国社会福祉協議会, p. 121.

牧田潔・酒井佐枝子・加藤寛（2008）「地域包括支援センター専門職スタッフのワークストレスに関する研究」『心的トラウマ研究』4, pp. 49-60.

望月宗一郎（2011）「地域包括支援センターの専門職にみられる職業性ストレスの実態」『Yamanashi Nursing Journal』9（2）, pp. 33-40.

西島衛治（2009）「A市各圏域地域包括支援センターの業務格差と配置の現状と課題——質問紙調査と地理の交通便利性による適正配置の検討」『日本建築学会大会学術講演概要集』pp. 225-226.

大友芳恵・志渡晃一（2010）「地域包括支援センターに所属する社会福祉士への支援に関する一視角『道内社会福祉専門職の職務満足度とその関連要因——地域包括支援センターの職員を対象にした調査』の結果から」『北海道医療大学看護福祉学部学会誌』6（1）, pp. 103-105.

澤田有希子（2010）「地域包括支援センターにおける専門3職種の職務意識に関する比較研究——質問紙調査を通して」『Human Sciences』9, pp. 51-60.

澤田有希子・石川久展・松岡克尚・大和三重（2012）「地域包括支援センターの専門職のソーシャルサポートの実態に関する研究——地域包括支援センター3職種の実態把握調査を通して」日本社会福祉学会 第60回秋季大会 発表要旨集.

武井幸子・冷水豊「地域包括支援センターの社会福祉士の業務自己評価に関連する要因」『社会福祉学』48（4）, pp. 69-81.

津田耕一（2000）「スーパービジョンの意味」相澤譲治・津田耕一編『事例を通して学ぶスーパービジョン』相川書房, pp. 5-13.

筒井孝子（2006）「改正介護保険法における地域包括ケア体制とは──地域包括支援センターの課題」『Journal of National Institute of Public Health』55（1），pp. 10-18.
上野善子・金城八津子・植村直子・畑下博世（2010）「地域包括支援センターの役割と可能性──高齢者の地域生活とソーシャル・インクルージョン」『滋賀医科大学看護学ジャーナル』8（1），pp. 4-8.

資料　調査票

地域包括支援センターにおける専門職の燃え尽きの現状とその関連要因に関する意識調査

平成 21～23 年度科学研究費補助金（基盤研究 B）（課題番号：21330144）「高齢者保健福祉専門職の離転職の要因分析と専門職支援の可能性の検討」（研究代表者：石川久展）

問1. 今の仕事や職場の状況についてお答えください。該当する程度を1つ選んで、番号に○をつけて下さい。

	非常にあてはまる	まああてはまる	あまりあてはまらない	全くあてはまらない
1. 現場の上司やリーダーと定期的に面談して目標を共有している	4	3	2	1
2. 自分の業務の評価内容について上司と話し合う機会がある	4	3	2	1
3. 現場の上司やリーダーは、仕事に役立つアドバイスをしてくれる	4	3	2	1
4. センター長または中心的管理職が積極的に指導力を発揮している	4	3	2	1
5. 仕事をすすめるうえで、自分の意見は十分に反映されている	4	3	2	1
6. 現場の上司やリーダーは、私の長所を生かそうとしてくれる	4	3	2	1
7. 現場の上司やリーダーは、私の仕事能力を評価し、信頼してくれる	4	3	2	1
8. 助けが必要な時には、現場の上司やリーダーは支援してくれる	4	3	2	1
9. センター長または中心的管理職が仕事に意欲的で、熱意がある	4	3	2	1
10. センター長または中心的管理職が現場の状況をよく把握している	4	3	2	1
11. 職場の給与体系は、公正・妥当なものである	4	3	2	1
12. 残業も含めて今の労働時間は適切といえる	4	3	2	1
13. 仕事に見合った十分な給与を得ている	4	3	2	1
14. 休日や休暇は、満足にとることができる	4	3	2	1
15. 現場の上司やリーダーに全幅の信頼をおいている	4	3	2	1
16. 変則勤務が負担である	4	3	2	1

問2. あなたは、以下の項目についてどの程度満足していますか。あてはまる番号に○をつけて下さい。

	満足	やや満足	普通	やや不満足	不満足
1. 仕事の内容・やりがい	5	4	3	2	1
2. 賃金	5	4	3	2	1
3. 労働時間・休日等の労働条件	5	4	3	2	1
4. 勤務体制	5	4	3	2	1
5. 人事評価・処遇のあり方	5	4	3	2	1
6. 職場の環境(照明・空調・騒音)	5	4	3	2	1
7. 職場の人間関係、コミュニケーション	5	4	3	2	1
8. 雇用の安定性	5	4	3	2	1
9. 福利厚生	5	4	3	2	1
10. 教育訓練・能力開発のあり方	5	4	3	2	1
11. 利用者との人間関係	5	4	3	2	1
12. 職業生活全体	5	4	3	2	1

問3. あなたの現在の仕事の状況について、該当するものを1つ選んで番号に○をつけて下さい。

	かなりあてはまる	まああてはまる	どちらともいえない	あまりあてはまらない	ほとんどあてはまらない
1. 上司の指示が無くても仕事をする	5	4	3	2	1
2. 援助方法を自分自身の判断で決定する	5	4	3	2	1
3. 自らの責任において仕事をしている	5	4	3	2	1
4. 裁量権のある仕事だと認知されている	5	4	3	2	1
5. 利用者の利益にならないことについては譲らない	5	4	3	2	1

問4. あなたの現在の仕事や職場の状況について、該当するものを1つ選んで番号に○をつけて下さい。

	非常にあてはまる	まああてはまる	あまりあてはまらない	全くあてはまらない
1. 職場の中で困ったときにはお互いに支え合う雰囲気がある	4	3	2	1
2. 職場で仕事の問題や悩みを気軽に話し合える	4	3	2	1
3. 職場の中で何でも言い合える場がある	4	3	2	1
4. 仕事に必要な情報がいつも十分に伝わっている	4	3	2	1
5. 仕事の方法や問題点について話し合う機会が十分にある	4	3	2	1
6. 仕事で必要な教育や訓練を受ける機会が十分にある	4	3	2	1
7. 仕事で問題があれば、助言や指導を受けられる体制がある	4	3	2	1
8. センター長または中心的管理職が積極的に職員の提案や改善意見をとりあげる	4	3	2	1
9. センター長または中心的管理職が施設運営の方針をはっきりと示す	4	3	2	1
10. センター長または中心的管理職が援助・支援の理念を明確に持っている	4	3	2	1
11. センター長または中心的管理職が質の高い仕事をするよう要求する	4	3	2	1
12. センター長または中心的管理職の方針や考え方が職場の人たちに受け入れられている	4	3	2	1
13. 仕事のペースを自分で調整できる	4	3	2	1
14. 自分の仕事に関することは、自分で決めることができる	4	3	2	1
15. 休暇や仕事の予定を決めるのに自分の希望が入れられる	4	3	2	1
16. 仕事上、重要なことを決めるときに決定に参加することができる	4	3	2	1
17. 仕事に関することで自分の意見を言える機会がある	4	3	2	1
18. 仕事で自分の知識や能力が発揮できる	4	3	2	1
19. 1日の仕事のスケジュールを必要に応じて柔軟に変えられる	4	3	2	1
20. 利用者の援助のために自分の裁量で自由に使える時間がある	4	3	2	1
21. 自分が必要だと感じたら、仕事の手順や方法を変えることができる	4	3	2	1

第6章 地域包括支援センター職員の定着促進要因

問5. ネットワークに関する質問です。以下の項目について、あなたの業務の中でどの程度できていると思いますか。該当する程度を1つ選んで、番号に○をつけて下さい。

		非常にあてはまる	まああてはまる	あまりあてはまらない	全くあてはまらない
1.	関わりのある専門職と引き続き関係を維持できるように心掛けている	4	3	2	1
2.	知り合いの専門職が知らなかった知識を教えるようにしている	4	3	2	1
3.	業務で迷った時に、つながりのある他の専門職から助言をもらっている	4	3	2	1
4.	関わりのある専門職の影響によって、自分の考えが左右されないように気をつけている	4	3	2	1
5.	これまでつながりのない専門職と新たに関係を作るよう心掛けている	4	3	2	1
6.	つながりのある専門職を、自分自身の思う通りにしてしまわないように注意している	4	3	2	1
7.	関わりのある専門職との間で、相互尊重を維持できるようにしている	4	3	2	1
8.	つながりのある専門職によって、物事が決められてしまわないようにする	4	3	2	1
9.	知り合いの専門職が知らなかった技術や方法を伝えるようにしている	4	3	2	1
10.	関わりのある専門職との間で、円滑なコミュニケーションができるように心掛けている	4	3	2	1
11.	知り合いの専門職に、自分自身の考えを押しつけないように注意している	4	3	2	1
12.	自分では不足している情報を、関わりのある他の専門職から教えてもらう	4	3	2	1
13.	常に自分のネットワークを広げる努力を行っている	4	3	2	1
14.	自分が作ってきたネットワーク全体像を把握するようにしている	4	3	2	1
15.	自分が業務で悩んでいる時に、知り合いの専門職からアドバイスを受けるようにしている	4	3	2	1
16.	関わりのある専門職の言いなりにならないように心掛けている	4	3	2	1
17.	自分に不足している技術を関わりのある他の専門職から教えてもらうようにしている	4	3	2	1
18.	これまで関係のなかった専門職を自分のネットワークに追加するようにしている	4	3	2	1
19.	新たに出会った専門職が自分の業務にどんな役に立つかを考えている	4	3	2	1
20.	知り合いの専門職が知らなかった情報を自分が伝えるようにしている	4	3	2	1
21.	利用者支援の必要に応じて、他の専門職が持っている資源を調達してくるように心掛けている	4	3	2	1
22.	力のある専門職からの働きかけに、屈しないように努力している	4	3	2	1
23.	自分には不足している知識を他の専門職から入手するようにしている	4	3	2	1
24.	関わりのある専門職との間で、信頼関係を維持するように心掛けている	4	3	2	1

問6. 多職種チームワークに関する質問です。あなたが所属するチームでは、以下の項目についてどれくらいできていると思いますか。該当する程度を1つ選んで番号に○をつけて下さい。

	非常にできている	できている	どちらかといえばできている	どちらかといえばできていない	できていない	全くできていない
1. 利用者の生活目標をチームに示して共有化する	6	5	4	3	2	1
2. チーム内の職種・経験の差について話し合う機会を持つ	6	5	4	3	2	1
3. 自分の言いたいことを言語化して伝える	6	5	4	3	2	1
4. リーダーとしてチームのモチベーションをあげる	6	5	4	3	2	1
5. ケアカンファレンスへの参加を所属機関が認める	6	5	4	3	2	1
6. 事例のモニタリング情報や結果を整理しフィードバックし合う	6	5	4	3	2	1
7. チームの活動についてメンバー間で意見交換する	6	5	4	3	2	1
8. メンバーと連絡を取り合う物理的環境が整う	6	5	4	3	2	1
9. 他者の言っている意味・考え・本意を整理して聞く	6	5	4	3	2	1
10. メンバーがミスした場合はお互いにカバーし合う	6	5	4	3	2	1
11. 利用者の生活目標にあった個別化プランをチームで作る	6	5	4	3	2	1
12. 他者と交渉して折り合う点を探る	6	5	4	3	2	1
13. チーム内で葛藤が起こったときに調整を行う	6	5	4	3	2	1
14. ケアカンファレンスの時間や場所について所属機関から具体的な支援を得る	6	5	4	3	2	1
15. リーダーとして根拠を持ってケアプランの方向性を示す	6	5	4	3	2	1
16. メンバー間の力量の差を認めてお互いに支援・補助する	6	5	4	3	2	1
17. リーダーとして他職種のケアの調整をする	6	5	4	3	2	1
18. 自分自身の専門的能力を知り、受け入れる	6	5	4	3	2	1
19. リーダーとしてチームをまとめたり束ねたりする	6	5	4	3	2	1
20. ケアプランの達成状況をチーム全体に返して一緒に考える	6	5	4	3	2	1
21. 勉強会や研修会に参加することを所属機関が容認する	6	5	4	3	2	1
22. 事例を共有化し、チームの共通認識（目標・方向性）を作る	6	5	4	3	2	1

問7. 多職種ヘルスケアチームに関する<u>あなたの考え</u>についてお聞かせください。該当する程度を1つ選んで番号に○をつけて下さい。

	非常に当てはまる	ある程度当てはまる	やや当てはまる	やや当てはまらない	あまり当てはまらない	全く当てはまらない
1. 多くの場合、チームで仕事することは、物事を不必要に複雑にしてしまう	6	5	4	3	2	1
2. チームアプローチはケアの質を向上する	6	5	4	3	2	1
3. チームミーティングは、他領域の専門職との意志疎通を促進する	6	5	4	3	2	1
4. チームケアを受けている利用者は、他の利用者に比べて「全体的な人(全人的)」として対応されている	6	5	4	3	2	1
5. チームで仕事をすることで、専門職の職務への熱意や関心を保てる	6	5	4	3	2	1
6. 他のチームメンバーとともにケアを展開することは、ケア提供におけるミスの発生を防止する	6	5	4	3	2	1
7. チームに所属することで、専門職は利用者の情緒的・経済的ニーズに対してより敏感になれる	6	5	4	3	2	1
8. チームアプローチは、利用者と同じく家族介護者のニーズへの対応を可能にする	6	5	4	3	2	1
9. チームメンバー間のギブアンドテイク関係は、よりよい利用者支援を決定するのを助ける	6	5	4	3	2	1
10. チームケアを受ける入院患者は、他の患者に比べて退院準備が整えられている	6	5	4	3	2	1
11. 多くの場合、チームミーティングに必要な時間は、もっと他のことに活用した方が良い	6	5	4	3	2	1
12. チームアプローチは、ケア提供をより効率的にさせる	6	5	4	3	2	1
13. 多専門職によるケア計画の立案は、時間がかかり過ぎる	6	5	4	3	2	1
14. チームに対して観察に基づく意見を報告することは、チームメンバーが他の専門職の仕事を理解するのを助ける	6	5	4	3	2	1

問8. あなたには、現在、職場でスーパーバイザーがいますか。

   1. いる   2. いない

問9. あなたは、この1年間で外部での研修会にどの程度参加されましたか、回数でお答えください。

   (   )回程度

問10. 今、自分がしている仕事は、どの程度、社会的に評価されていると思いますか。

  1. 非常に評価されている   2. かなり評価されている

  3. あまり評価されていない   4. 全く評価されていない

問11. あなたは、今の勤務先にいつまで勤めたいと思っておられますか。該当するもの1つを〇で囲んで下さい。

  1. すぐやめたい・転職したい   2. 今ではないがやめたい・転職したい

  3. 当面勤め続けたい   4. できる限り勤め続けたい

問12. あなたは最近6カ月位のあいだに、次のようなことをどの程度経験しましたか。

	いつもある	しばしばある	時々ある	まれにある	ない
1. 「こんな仕事、もうやめたい」と思うことがある	5	4	3	2	1
2. 我を忘れるほど仕事に熱中することがある	5	4	3	2	1
3. こまごまと気配りをすることが面倒に感じることがある	5	4	3	2	1
4. この仕事は私の性分に合っていると思うことがある	5	4	3	2	1
5. 同僚や利用者の顔をみるのも嫌になることがある	5	4	3	2	1
6. 自分の仕事がつまらなく思えて仕方のないことがある	5	4	3	2	1
7. 一日の仕事が終わると「やっと終わった」と感じることがある	5	4	3	2	1
8. 出勤前、職場に出るのが嫌になって、家にいたいと思うことがある	5	4	3	2	1
9. 仕事を終えて、今日は気持ちのよい日だったと思うことがある	5	4	3	2	1
10. 同僚や利用者と、何も話したくなくなることがある	5	4	3	2	1
11. 仕事の結果はどうでもよいと思うことがある	5	4	3	2	1
12. 仕事のために心にゆとりがなくなったと感じることがある	5	4	3	2	1
13. 今の仕事に、心から喜びを感じることがある	5	4	3	2	1
14. 今の仕事は、私にとってあまり意味がないと思うことがある	5	4	3	2	1
15. 仕事が楽しくて、知らないうちに時間がすぎることがある	5	4	3	2	1
16. 体も気持ちも疲れ果てたと思うことがある	5	4	3	2	1
17. 我ながら、仕事をうまくやり終えたと思うことがある	5	4	3	2	1

問13. あなたの職場の上司や同僚に対して、以下のことが期待できる程度をお答えください。該当する程度を1つ選んで、番号に○をつけてください。

	非常にあてはまる	ある程度あてはまる	あまりあてはまらない	まったくあてはまらない
1. 上司は担当の仕事について、どのようにすればよいかという方向性を示すことができる	4	3	2	1
2. 同僚は情緒的なサポートをしてくれる	4	3	2	1
3. 上司は建設的なコメントをしてくれる	4	3	2	1
4. 同僚はうまくいかないことがあったとき援護してくれる	4	3	2	1
5. 上司は私を一人の人間として気遣ってくれる	4	3	2	1
6. 上司は仕事上どのようにすればよいかという的確な判断ができる	4	3	2	1
7. 同僚は信頼できる雰囲気をつくってくれる	4	3	2	1
8. 上司は私にやる気をおこさせてくれる	4	3	2	1
9. 上司はうまくいかないことがあったとき援護してくれる	4	3	2	1
10. 同僚は私に何が必要か考えてくれる	4	3	2	1
11. 上司は信頼できる雰囲気をつくってくれる	4	3	2	1
12. 同僚は私を一人の人間として気遣ってくれる	4	3	2	1
13. 上司は仕事に関連する問題が起きたときに助けることができる	4	3	2	1
14. 上司は情緒的なサポートをしてくれる	4	3	2	1
15. 同僚は私にやる気をおこさせてくれる	4	3	2	1
16. 上司は仕事の大変さや求められていることが理解できる	4	3	2	1
17. 同僚は建設的なコメントをしてくれる	4	3	2	1
18. 上司は私に何が必要か考えてくれる	4	3	2	1

問14. あなたの職場内外のネットワークについてお伺いします。あなたが仕事に困り、問題解決が必要な時に頼りになる専門職の総計(ネットワークのサイズ)は何人くらいですか。下記の選択肢の中であてはまるもの1つに○をしてください。

　　　1. 数人程度（2-3人）　　2. 数人から10人未満　　3. 10人以上20人未満

　　　4. 20人以上30人未満　　5. 30人以上

問15. あなたが仕事に困り、問題解決が必要な時に最も頼りになる人とは、どの程度コンタクトをとっていますか、下記の選択肢の中であてはまるもの1つに○をしてください。

　　　1. ほぼ毎日　　　　2. 週に2－3回程度　　3. 週に1回程度

　　　4. 月に1回程度　　5. 年に数回以下

問16. あなたが仕事に困り、相談相手になってくれる専門職の総計（ネットワークのサイズ）は何人くらいですか。下記の選択肢の中であてはまるもの1つに○をしてください。

　　　1. 数人程度（2-3人）　　2. 数人から10人未満　　3. 10人以上20人未満

　　　4. 20人以上30人未満　　5. 30人以上

問17. あなたが困ったときに最も相談にのってくれる相手とは、どの程度コンタクトをとっていますか、下記の選択肢の中であてはまるもの1つに○をしてください。

　　　1. ほぼ毎日　　2. 週に2-3回程度　　3. 週に1回程度

　　　4. 月に1回程度　　5. 年に数回以下

問18. あなたが情報交換をよくする専門職の総計(ネットワークのサイズ)は何人くらいですか。下記の選択肢の中であてはまるもの1つに○をしてください。

　　　1. 数人程度（2-3人）　　2. 数人から10人未満　　3. 10人以上20人未満

　　　4. 20人以上30人未満　　5. 30人以上

問19. あなたが最も情報交換をよくする人とは、どの程度コンタクトをとっていますか、下記の選択肢の中であてはまるもの1つに○をしてください。

　　　1. ほぼ毎日　　2. 週に2-3回程度　　3. 週に1回程度

　　　4. 月に1回程度　　5. 年に数回以下

問20. あなたの性別を教えてください。

　　　1. 男性　　2. 女性

問21. 2月1日現在でのあなたの年齢を教えてください。

　　　＿＿＿＿＿＿＿＿歳

問22. あなたには、配偶者がいますか。

　　　1. いる　　2. いない

問23. 地域包括支援センターにおいては、あなたはどの専門職として働いておられますか。あてはまるものを1つ選んで、その番号に○をつけて下さい。

　　　1. 社会福祉士　　2. 看護師・保健師　　3. 主任ケアマネジャー

問24. あなたが所属している地域包括支援センターは、以下のどれにあてはまりますか。

　　　1. 自治体直営型　　2. 委託型　　3. それ以外（　　　　　　　　　）

問25. 2月1日現在で、あなたが医療保健福祉の仕事に就いてからの通算経験年数を教えてください。

　　　_____年_____カ月

問26. 2月1日現在で、あなたの現職の通算経験年数を教えてください。

　　　_____年_____カ月

問27. あなたが最後にお出になった学校は、次のどれですか。あてはまる番号に○をつけて下さい。

　　　1. 中学校（旧制高等小学校を含む）　　　2. 高等学校（旧制中学校を含む）

　　　3. 専門・専修学校　　　4. 短大・高専

　　　5. 4年制大学（旧制高校・新制大学院を含む）

　　　6. その他（　　　　　　　　　　　）

補　章

介護職員の定着に向けての取り組み事例
　神戸市における実践

1　介護職員の定着促進を目的とした研修

　これまでの章では、介護人材の定着促進要因を明らかにしたが、とりわけ「教育訓練・能力開発」に対する満足度や採用後の継続的な「教育・研修」の実施が重要であることが分かった。第2章、第3章の介護職員については教育訓練・能力開発における職務満足度が就業継続意向に正の影響を与えており、第4章の雇用者側の調査においても採用後の継続した教育・研修が離職率を下げていたことから研修による教育訓練は資格取得支援にもつながり、介護職員が職場で継続して働くことに寄与するものと考えられる。
　本章では、介護職員の定着促進には研修が欠かせないとの認識に立ち、筆者が参画した神戸市における介護職員の定着を目的とした研修の取り組みとその効果について事例研究を行う。

2　介護職員を対象とした「スキルアップ・福祉の仲間づくり」研修

(1) 研修の目的
　利用者援助や後輩の育成などにおいて、将来、施設の中心的役割を担うことが期待される介護現場の職員（2〜3年目）を対象に、チームアプロー

チをテーマとして、他施設職員との意見交換や共同で行うグループ研究をとおして職場内外の仲間づくりの促進を図るとともに、現在の職場で継続して働く意欲を高め、介護現場の活性化を図ることを目的として実施する。

(2) 受講対象者
　次の①～③を全て満たす者とした。(1施設につき1名)
　①市内の介護保険施設（地域密着型を含む）で介護等の実務を行い、現在の勤務先での経験年数が2年以上3年以下の者
　②所属する施設長から推薦のあった者[1]
　③研修期間の全日程に出席できる者

(3) 募集人員
　30名

(4) 参加費
　10,000円[2]

(5) 研修のスケジュールおよび内容（表1参照）
　2012年1月から3月までの間に以下の4日間の日程で研修を行った。
　本研修は2010年度から実施しており、今回が2年目である。前回参加者のフィードバックを得て、日程および内容の改善を図り、新しく合宿研修を取り入れた。
　なお、研修には講師3名（大学教員）が企画から関わり、グループワークではアドバイザー3名（介護現場の管理職）も現場での実践経験者としてサポートする役割で参加した。
　表1に示すように、研修は大きく3部門に分かれ、3人の講師がそれぞれ1日ずつを担当し、2日目のグループワークでは、現場の管理職もアドバイザーとして加わり、小グループ（5人）による事例研究を行った。
　本研修のテーマはチームアプローチであるため、チームアプローチについてまず基礎的な知識を習得し、施設におけるチームアプローチの重

補　章　介護職員の定着に向けての取り組み事例　139

表 1　研修のスケジュールおよび内容

テーマ：チームアプローチについて 　他施設の職員との合同研修のなかで意見交換やグループ研究を行い、研修終了後も協力し合えるネットワークづくりを図る。
1 日目（2011 年 1 月 10 日） 　講義：利用者の生活向上支援のためのチームアプローチ（2 時間） 　演習：仲間づくりについて（グループワーク）（3 時間）
2 日目（2011 年 1 月 17 日） 　演習：事前提出課題に基づく事例研究（グループワーク）（3 時間） 　グループ研究：グループごとにテーマを決定し、先進的な取り組みを行っている施設の見学やヒヤリング、講演やワークショップへの参加および文献等により共同で研究するための企画・計画を行う（3 時間）
自主活動日（1 月～3 月までの間の任意の日） 　グループ研究：各グループで研究計画に基づいて任意に活動する。(4 時間程度)施設見学、資料収集等
3 日目～4 日目（2011 年 3 月 12 日～13 日） 　中間報告：(2 時間) 　演習：対人援助に関する演習（5 時間） 　研究発表：各グループによる発表（発表 10 分、質疑応答 10 分） 　審査および表彰

　　　出所：筆者作成

要性を認識するための講義と仲間づくりのためのグループワークを行った。そこでは、特に介護関係者向けに書かれたチームアプローチ論（岡田 2008）や高齢者ケアにおけるチームアプローチの方法（ミシガン大学老年学セミナー運営委員会 2006）、およびスキルとしてのチームアプローチ（菊池 2009）等の文献が参考となる。また、グループワークを実施する前には、自己概念（津村・山口 1992）について講義し、他者との関係を深めるためには自分や他者に対する無条件の肯定的関心[3]や共感的理解[4]が必要であることを理解した上で参加するように促すことも重要である。

　2 日目には、既に 1 回目のグループワークを終えているため、メンバーのなかにグループとしての関係性が生まれており、意見交換がしやすい雰囲気ができつつあった。それぞれが日頃の業務のなかで課題と感じている事例を事前に提出（資料 1 参照）しているため、メンバー全員が提出したケースについて話し合いを行い、共通する問題を抱える事例を 1 つ選出し

て事例研究を行った。その際、各グループには講師およびアドバイザーがファシリテーターの役割で参加した。施設が異なれば、労働環境や労働条件も異なるが、共通する課題は多く、互いがどのように取り組んでいるかを話し合うなかで、メンバーにとって参考にする部分や刺激になる情報が得られた。

　午後からは、グループでの共同研究のテーマを決める作業に入った。本テーマについても既に事前課題としてグループ研究検討シートを提出している。テーマは日頃の業務のなかで疑問に感じていることや、さらに修得したいスキルや深めたい知識等で、例えば「利用者・介助者に負担のかからない介護技術」「自立支援」「業務多忙時における職員のあり方」「ユニットケアの目的と意義」等様々である。それぞれが課題とするテーマを話し合いによる合意形成で1つに決め、役割分担により結果をまとめる作業を進め、グループ研究計画書を作成した。次回までの2カ月間に各グループで研究計画に基づいて資料や情報収集、施設見学、グループでの話し合い等の活動を行った。その後、進捗状況等について、宿泊研修の1週間前までに中間報告シートを作成し提出した（各シートのフォーマットは資料1を参照）。

　3日目には、対人援助技法として、コミュニケーション技法やコーチングについて参加型で演習を行った後、自由な話し合いの時間を作り宿泊研修を実施した。

　4日目には、グループ研究の発表の機会を設け、それぞれのグループが全員参加で創意工夫したプレゼンテーションを行った。最優秀賞をはじめ、各賞の受賞グループを表彰した。最後に3人の講師からそれぞれ講評を行い、研修を終了した。

(6) 受講者

　2011年度は20名の受講者、2010年度は24名であった。
　内訳は表2に示すとおりである。

表2 受講者の内訳

(人)

		2011年度	2010年度
施設種別	特別養護老人ホーム	10	12
	老人保健施設	8	12
	介護療養型医療施設	2	0
性別	男	13	14
	女	7	10
現職場勤務年数	2年未満	4	5
	2年～3年未満	8	13
	3年～4年未満	4	4
	4年以上	4	2
年齢	25歳未満	5	6
	25～30歳未満	6	9
	30～35歳未満	5	6
	35～40歳未満	0	1
	40歳以上	4	2

出所:筆者作成

3 研修後のアンケート結果

スキルアップ・福祉の仲間づくり研修に参加した受講者と所属する施設を対象にアンケートを実施した(2012年7月13日～27日)。

(1) 回答数(受講者の勤める施設及び受講者にそれぞれアンケートを実施)
　施　設:33施設中30施設で回答率90.9%
　受講者:2011年度受講者　20人中19人で回答率95%
　　　　2010年度受講者　23人中19人で回答率82.6%

(2) 在職状況
　2011年度受講者　20/20(100%)
　2010年度受講者　21/23(91.3%) 2012年7月末時点で退職者2名

(3) 交流状況

  2011 年度受講者　あり　14/19（73.7%）
                  なし　5/19（26.3%）

  2010 年度受講者　（2012 年 7 月実施）　　　前回調査（2011 年 7 月実施）
                あり　8/19（42.1%）　　　　あり　12/19（63.2%）
                なし　11/19（57.9%）　　　なし　7/19（36.8%）

表3　交流状況の内訳（複数回答）

	2011 年度受講者	2010 年度受講者
日常的に連絡する	4 (21.1%)	2 (10.5%)
仕事上の悩みを相談できる	6 (31.6%)	2 (10.5%)
問い合わせ等をできる	9 (47.4%)	5 (26.3%)
連絡をとる関係にない	5 (26.3%)	11 (57.9%)
計	24 (100%)	20 (100%)

出所：筆者作成

　表3に示すとおり、2011 年度受講者では日常的に連絡するが2割、仕事上の悩みを相談できるが3割を超え、5割近くが仕事上の問い合わせ等ができると回答した。研修により確実にネットワークづくりの基礎ができつつあることが分かる。

(4) 宿泊研修の評価

　2011 年度に新しく実施した宿泊研修の評価については表4に示すとおり、全員が効果的であったと評価した。

表4　宿泊研修の評価（2011 年度のみ）

評価	人数	割合
非常に効果的	8	42.1%
やや効果的	11	57.9%
あまり効果がない	0	0.0%
全く効果がない	0	0.0%
計	19	100%

出所：筆者作成

4 介護職員の定着を意識した研修の意義

　本研修の目的はチームアプローチをテーマに他施設の介護職員との交流とグループによる共同研究をとおして、ネットワークづくりの基礎を提供するとともに、職場で継続して働く意欲を高めることにある。すなわち究極の目的は介護職員の定着促進にある。研修後のアンケート結果から、2011年度の受講者は100%在職している。一方、2010年度の受講者については残念ながら2011年7月末時点で2名が退職し、91.3%が在職している。また、ネットワークづくりという意味で、研修後も交流を続けているかどうかについて、2011年度の受講者は73.7%が「交流あり」と答えている。2010年度の同時期の調査では63.2%であり、「交流あり」が10ポイント以上上昇している。これは2011年度より宿泊研修を取り入れたことが影響しているのではないかと考えられる。その根拠として、宿泊研修の評価は全員が「非常に効果的」もしくは「やや効果的」と回答していることが挙げられる。

　自由記述による受講後の意識の変化等についての回答を見ると、大きく3点にまとめることができる。(詳細は資料2参照)

(1) **チームアプローチの必要性を認識した。**

　例えば、「話し合うことの大切さを学んだ」「職員間で話し合うこと、申し送りの大切さを感じた」「普段から密に医務との交流を図り、共同して業務にあたれる体制作りとその維持の必要性を感じている」等。

(2) **積極的、能動的な行動へ変化した。**

　例えば、「自分の意見や思ったことを話し合いの場で言う事ができるようになった」「自分でも考え、少しずつですが、行動を起こすようになった」「自分なりの意見を言えるように、考えられるようになり、発言するように心がけるようになった」等。

(3) 研修内容を日常業務に反映させている。
　例えば、「研修中に勉強したことを現場に活かせており…（省略）」「日々の業務に活かせるように、どうしたら良いか考えながら動けるようになった」「数人で同じことに取り組むことの重要さは日頃の業務に活かされている」等。

　このように、研修でテーマとしたチームアプローチは、相互のコミュニケーションがうまくとれなければ達成できないことから、受講者はおのずから話し合いの重要性や自分の意見や考えを発信する必要性を学ぶことになる。グループ研究という名のもとに、積極的に意見を交わし合うことで1つのプロジェクトを完成させ、その成功体験が日頃の業務に活かされるという結果に繋がったのではないかと思われる。

　2010年度の実施から3年目を迎える2012年度の研修は、前年度の受講者からのフィードバックを取り入れさらに日程の変更を予定している[5]。介護保険施設で働く介護職員にとって任意に集まるグループ研究の日程を調整することは、それぞれが3交代勤務や休日がまちまちなため非常に難しい。したがって、当初から日程を定めて研修日のなかに組み入れることでグループ研究の時間を確保することとした。このような改良を加えながら、できるだけ現場の介護職員が参加しやすい環境を整えるとともに、施設側（雇用者側）にも研修を業務の一環として位置づけるよう働きかけを行っている[6]。
　研修の目的とその達成度を評価すると、2011年の受講者は100％、2010年の受講者は91.3％が同じ職場で継続して働いていることから一定の効果が上がっていると考えられる。また、ネットワークづくりのためのきっかけとなるその後の交流も「あり」と答えた者が2011年度の受講者では7割を超えている。これらのことから介護職員の定着促進を意識した研修の実施によって、一定程度の効果があることが分かった。このような取り組みを保険者である行政が率先して実施することで、雇用者側の理解も深まり、将来の人材を育てる目的を共有することが可能となる。少人数を対象

とした地道な取り組みではあるが、継続して実施することが重要であり、今後のネットワークづくりは横の関係だけでなく経年の受講者との縦の関係も広げていくことが期待される。本研修の受講者が核となり、職場での意欲的な業務への姿勢等に反映することができれば、市全体の介護職員の業務の質を向上させることにもつながり、仕事の内容ややりがいでの満足度が増すことによって職場での定着を促進することが可能になると考える。

注

1 　所属する施設長の推薦を求めたのは、研修が数日間に及ぶため公務として有給を利用することができるようにすることが目的である。加えて、今後の施設を担う若手の介護職員へのインセンティブとなるように、また施設長のこうした外部研修への理解を深めることを促進する意図もある。
2 　参加費は10,000円であるが、グループ研究に要する費用については市から1人15,000円を上限に助成する。
3 　無条件の肯定的関心とは、心理療法の分野でクライエント中心療法を生み出したC. Rogers（1966）が唱えたセラピストに必要な態度のことで、純粋性（自己一致）、無条件の肯定的関心、共感的理解の3つを備えていればセラピーが効果的になるとする。
4 　Rogers（1966）によれば、共感（empathy）とはクライエントの立場に立って感情移入し、あたかも援助者が感じているように理解することとされる。したがって、高齢者施設で働く介護職員にとっても要介護高齢者の気持ちをあたかも自らのことのように感じ、理解するとともに、それを相手に伝えることが必要とされている。
5 　2012年度の研修はその後12月～3月に受講者25名で実施したが、アンケートの結果は未だ出ていない。2012年度はそれまでのプログラムを改善し、グループ研究の際の情報収集の方法を紹介したり、研究発表会に施設等から見学者の参加を広く募るなどの変更を加えて実施した。
6 　4年目となる2013年度の研修は、研修に参加する機会の少ないとされる小規模多機能型居宅介護やグループホーム、および有料老人ホーム等の特定施設で働く介護職員にも対象を広げることとした。また、受講者が参加しやすいように、さらに開催日程を変更し従来の12月～3月を8月～12月に実施する予定である。

引用・参考文献

Rogers, C. (1966) Client-centered therapy. In S. Arieti (Ed.), *American Handbook of Psychology*, vol. 3, New York: Basic Books. pp. 183-200.

菊池和則 (2009)「協働・連携のためのスキルとしてのチームアプローチ」『ソーシャルワーク研究』34 (4), pp. 17-23.

ミシガン大学老年学セミナー運営委員会編 (1994)『チームアプローチのつくり方・進め方——高齢者ケアはチームで』ミネルヴァ書房.

岡田進一編 (2008)『介護関係者のためのチームアプローチ』ワールドプランニング.

津村俊充・山口真人 (1992)『人間関係トレーニング——私を育てる教育への人間学的アプローチ』ナカニシヤ出版.

資料1	「スキルアップ・仲間づくり」事前提出課題 （事例検討シート、グループ研究検討シート） およびグループ研究計画書、中間報告シート

〈2012年度用〉　　　　**事例検討シート**
　　　　　　　　　　　（提出者氏名　　　　　　　　　　　　　）

1. 要援護者について
   ① 性別
   　（男　・　女）
   ② 年齢
   　（　　　　）歳
   ③ 要介護度
   　（ 1 ・ 2 ・ 3 ・ 4 ・ 5 ）
   ④ 日常生活自立度
   　（ 自立 又は J ・ A ・ B ・ C ）
   ⑤ 認知度
   　（自立 ・ I ・ II ・ III ・ IV ・ M ）
   ⑥ 認知症の場合
   　（アルツハイマー型 ・ 脳血管性 ・　　）
   ⑦ BPSD（行動・心理症状）
   　（ ほとんどなし ・ ときどき ・ 常時 ）
   ⑧ 傷病等その他の特記事項
   　（　　　　　　　　　　　　　　　　　）
   ⑨ 居室
   　（ 1人部屋 ・ 2人部屋 ・ 4人部屋 ）
   ⑩ 入所期間
   　（　　　　　　　）年
   ⑪ 家族・他の利用者との関係

2. 処遇プラン（代表的な1日を記入してください）

時	処遇プラン
0	
1	
2	
3	
4	
5	
6	
7	
8	
9	
10	
11	
12	
13	
14	
15	
16	
17	
18	
19	
20	
21	
22	
23	
24	

3. 入所者援助・処遇が困難と感じるとき・その状況

4. 上記の場合でのあなた・施設の主なアプローチ法

＊本シートは、研修以外では使用しませんが、個人が特定できない範囲で作成してください。

グループ研究検討シート

(提出者氏名　　　　　　　　　　)

1. テーマ（何を明らかにするための研究か）

2. テーマを選んだ理由

3. 研究の進め方（どのような参考文献があるか、参考となる取り組みをしている施設はあるか等）

グループ研究計画書

(グループ名　　　　　　　　　　　)
(連絡担当者　　　　　　　　　　　)

1. テーマ（何を明らかにするための研究か）

2. テーマを選んだ理由

3. 研究の進め方
【スケジュール】

12月	
1月	
22日	(中間報告)
23日	(宿泊研修2日目)
2月	
3月	
19日	(研究発表会)

中間報告シート

1. テーマ（何を明らかにするための研究か）
2. テーマを選んだ理由
3. これまでの実施内容
12月
1月
〜22日（中間報告）
4. これまでに分かったこと
5. 今後、調査・考察すべきこと
6. 今後の予定
1月
23日
2月
3月
19日（研究発表会）

（グループ：　　　　　　　　　　　　　　　　　　　）

> **資料2** 「スキルアップ・仲間づくり」研修受講後の意識の変化等 （自由記述回答）

　研修を受講して4カ月後の自らの意識の変化等について2011年度の受講者に自由記述で得た内容は以下のとおりである。

・「自分の将来あるべき姿を想像しながら働くようになった」
・「カンファレンスをするときに、自分なりの意見を言えるように、考えられるようになり、発言するように心がけるようになった」
・研修で声かけや接し方の差を感じたので、業務的にではなくしっかり行っていきたいと思った」
・「職員間で話し合うこと、申し送りの大切さを感じた。情報の共有化に努めるようにしている」
・「他施設に知っている顔があるというだけで、財産だと思う」
・「ある一定期間、数人で同じことに取り組むことの重要さは日頃の業務に活かされている」
・「外から自分の施設を見られたことが良かった」
・「認知症の方に対する対応等、研修中に勉強したことを現場に活かせており、自分の考え方も少し変わりました」
・「他の職員に自分が考えていることをどう伝えれば良いのか、情報を円滑に伝達するためにはどうすれば良いのか、今まで受け身だったのが、自分でも考え、少しずつですが、行動を起こすようになった」
・「今まで、他施設との交流がほとんどなく、仕事に対する自信がなかったが、研修を通し、同じグループとなった仲間と連絡を取り合う関係になった。今でも関係が続いており、悩みを相談できるようになったので、自分自身が初心に戻り、自分のことだけでなく、後輩のことも考えて行動できるようになり、毎日楽しく仕事ができている。学んだことを後輩へとつなげていきたい」
・「1つの問題について話し合うことの大切さを学んだ（色々な考え方があること）」
・「グループ研究で取り組んだ『自立支援』について学んだことを常に念頭に置き、日常業務を行うようになった。
・「他施設職員の熱い介護観・姿勢に強く影響を受けた。利用者様にとっての最適な介護は何か、どうすれば自立支援に繋げられるのか等、真剣に考えて業務を行うようになった」
・「他施設の方との交流を通じて多くの気づきがあり、良い刺激となった。

本当に色々な事を学べて、とても勉強になった」
- 「グループのメンバーや施設見学を通して得た、感じた良い部分（職員の対応の仕方、施設としてのあり方等）、自分の職場だけでは知らなかったことを学べ、日々の業務に活かせるように、どうしたら良いか考えながら動けるようになった」
- 施設見学をとおして、自施設にない要素も多くみることができ、良い刺激になった。見学とグループメンバーの職場の話をもとに、自分自身が研究したかったケアプランの分野について深く学びなおすことができた。研究したこと全てを現場で活かしきることはまだまだ到達していないが、他職種間、同職種同士の連携強化やカンファレンスの改良等、ケアプランの内容充実に向けた議論や実践の場を増やせてきている」
- 「初対面の方とグループワークを進めることで、役割の大切さや得意とする分野がある重要性が学べた。現場でもそのことを意識し、自分の得意とする分野の発見、開発したいという想いで業務ができている」
- 「研究テーマの内容を意識し、業務の中で生かすことができている」
- 「他施設の方と情報交換や悩み相談等を行うことができ、気持ちの面で少しゆとりができたと思う。それが業務を行っていく中で役立っていると思う」
- 「自分の意見や思ったことを話し合いの場で言う事ができるようになった」
- 「発表課題として選んだテーマが、以前から施設で行った内容に触れるもので、より深く学ぶことでその意味と必要性を強く感じ取ることができた」
- 「他施設では現場と医務の連携で困っていることが多く、そのため十分なケアができないという内容を聞き、そうならないよう普段から密に医務との交流を図り、共同して業務にあたれる体制作りとその維持の必要性を感じている」
- 「職員同士の助け合いがいかに大切かが分かった。それぞれが意欲を持って助け合うと楽しく仕事ができる」
- 「グループ研究で学んだことによって、現場で新たな視点を持つことができた」

おわりに
本書のまとめと政策的含意

1　まとめ

　この数年間、筆者は、高齢者福祉の専門知識を習得して介護現場で活躍しようとする卒業生がなぜ仕事を続けることができないのか、時代が求める人材をなぜ育てることが難しいのかといった問題に直面してきた。少子高齢化がさらに進む将来、本当にこのまま介護労働者を使い捨ての労働力として問題を放置しておいて介護の社会化を実現することはできるのだろうか。このような問題関心から、本書では介護人材の定着促進をテーマに、介護保険サービスの両輪である施設サービスと在宅サービスで働く介護労働者を対象として、彼らの就業継続意向に影響を与える要因について実証研究を行った。

　第1章では、介護保険制度発足に至るまでの経緯や介護保険制度導入による変化をみることで、今日わが国が目指す介護の社会化を実現するためには高いレベルの介護人材が必要であることを述べた。2005年頃から介護の人材不足が社会の注目を集めるようになり、景気の影響を受けて多少変動するものの、現在も人材不足は続き、将来はさらに深刻になることを示した。

　第2章では、施設で働く介護職員について、アンケートを実施し、就業継続意向に影響を与える要因の検討を行った。集計結果からは、利用者との人間関係や雇用の安定性、仕事のやりがい等で高い職務満足度がみられ

る一方、賃金や昇進の機会において満足していない者が多いことが分かった。また性別や事業所の規模で満足度に違いが見られた。自由記述からは、就業継続意向に影響を与える要因は複数あることが分かった。主に、職場での人間関係、賃金、休日や勤務体制、適切な評価が挙げられたが、それらに加えて、教育や資格取得支援をし、適切な評価をする上司の存在が重要であることが分かった。

　第3章では、第2章で得られた結果をもとに、介護老人福祉施設で介護に直接携わる介護職員の職務満足度が就業継続意向に与える影響について、(財)介護労働安定センターの全国調査（個票）を用いて分析した。職業生活全体への満足度は就業継続意向に影響しており、個別の満足度でも、仕事のやりがい、賃金、人事評価、職場の環境、職場の人間関係、教育訓練等が影響を与えていた。コントロール変数として賃金や労働時間を投入した結果からは、実際の賃金は就業継続意向に影響を与えていないが賃金に対する満足度は影響を与えることが分かった。また、仕事のやりがいや人事評価、教育訓練に対する満足度の方が、賃金に対する満足度よりも大きな影響を与えていた。以上から、賃金は重要であるが、それよりも適切に評価されているか、教育訓練の機会が与えられているか、職場の人間関係がうまくいっているかといった事柄の方が仕事を続ける上で重要と捉えていることが明らかとなり、第2章で得られた結果に適合することが証明された。

　第4章では、雇用者側である介護老人福祉施設を対象として、施設の体制が介護職員の離職に与える影響を分析した。経済学的な視点からなされた実証研究は、賃金を離職の要因とするものが多く、賃金以外の離職要因についてはほとんどみられないことから、賃金と教育・研修を中心に実証研究を行った。その結果、賃金については影響はみられなかったが、教育・研修は離職率の低下に影響を与えていた。また、OJTが離職に影響を与えることが分かった。以上のことから、継続的な教育・研修は人材育成の観点から重要であり、介護職員の離職には人材育成の取り組みの如何が影響することが分かった。

　第5章では、在宅サービスにおける介護労働者としてケアマネジャーを

対象に職務満足度が就業継続意向に与える影響を第3章と同じ方法で分析した。近年ケアマネジャーの質が問われ、更新制度の導入や研修の義務付けなど、ケアマネジャーの負担感は増大している。ケアマネジャーは介護保険制度発足と同時に誕生した新しい職種であるため、その業務内容および業務範囲、業務負担によるストレスおよびバーンアウト等についての先行研究は多くみられるが、定着促進に関する実証研究はほとんどみられない。分析結果からは全体の職務満足度は就業継続意向に正の影響を与え、個別の満足度では、仕事のやりがい、人事評価、職場の人間関係が就業継続意向に正の影響を与えることが分かった。ここでも賃金をコントロール変数として投入したが、統計的に意味のある影響はみられなかった。また、在宅サービスの特徴として所属組織の法人格による違いがみられた。ケアマネジャーの場合は、社会福祉協議会に所属する者の方がより長く働き続けたいと思い、NPOに所属する者は長く続けたいと思わない傾向が見られた。ケアマネジャーの役割は、利用者支援をするなかで、社会的な公正も実現することが求められる。利用者に専門職として信頼される関係を形成し、アセスメントによって適切なサービスの計画を提案するという共同作業が必要となる。したがって、短期でケアマネジャーが交代することは本来のケアマネジメント業務ができないことを意味する。今後は長期的な就業継続や中立公正性を確保し、本来のケアマネジメントができる環境を整える必要があることが示唆された。

　第6章では、地域包括ケアの拠点とされる地域包括支援センターの職員を対象に職務満足度やその他の要因が就業継続意向に与える影響を検証した。その結果、職業生活全体に満足している者や仕事の内容・やりがいに満足している者、人事評価・処遇のあり方や職場の人間関係およびコミュニケーションに満足している者は就業継続意向に正の影響を与えていることが分かった。他にも重要な点として、スーパーバイザーがいることや地域包括支援センターの業務に対して社会的な評価が適切にされていると感じることが仕事を続けていくうえで影響を与えることが明らかになった。したがって、今後さらに地域包括支援センターの業務の範囲や内容が変化すると予測されるなか、これらの職員が行う業務に対する社会的な理解と

適切な評価が彼らの仕事を後押しする大事な要素になると思われる。

　補章では、第2章から第4章までの実証研究の結果をもとに、介護職員の定着促進に影響を与えるとされる研修について、実際に定着促進を意図して企画し、研修を行い、その効果を4カ月後に調査して検証した。研修では、職場の人間関係の構築を意識し、チームアプローチをテーマとして、講義と演習を組み合わせ、グループワークによる少人数の参加型学習を中心に企画した。また、グループ研究では、アドバイザー参加のもとで話し合いにより合意形成を行い、共通の課題を選択してグループで計画を立案した。その後はグループで任意に活動し、最後に成果発表の機会を設けた。4カ月後の在職率は100％、1年4カ月後は91.3％（前年度受講者）であった。アンケートの結果からは、①チームアプローチの必要性を認識した、②積極的、能動的な行動へ変化した、③研修内容を日常業務に反映させている等の回答が得られた。グループで共通の課題に取り組み、その成果を発表するという作業を通じて、チームアプローチの必要性や自己の意見を述べ、互いに話し合うことの重要性を学んだためと考えられる。自分の意見を積極的に発言することで業務に積極的に関わり、そのことが他の職員への刺激になり、また上司や同僚からの適切な評価につながるという好循環を生み出すきっかけになっていることがうかがえる。したがって、介護職に研修をする場合には、チームアプローチが欠かせないだけでなく、研修内容を日常業務に反映できるように少人数による参加型の研修が有効と思われる。

2　本研究の結果から得られた政策的含意

　本書の実証研究の結果から、現在の介護人材不足の原因となっている高い離職率を改善するためには、一般に問題視されている賃金だけでは不十分であり、賃金以外の要因に目を向けることの重要性が示唆された。すなわち、人材育成のための教育・研修がいかに充実しているかということが、介護職員にとっては重要な意味をもち、また自らの評価が適切になされているかどうかも重大な関心事である。使い捨ての労働力としてではな

く、将来につながる人材として大切に扱われているという実感は、教育や研修の継続的な提供や、日常の仕事ぶりを適切に評価されることが必要である。そのためには、日ごろ現場の職員を指導監督したり、サポートしたりするスーパーバイザーとしての上司の存在が欠かせない。また、職場の人間関係が就業継続意向に影響するのは、介護というチームアプローチが必要な職場では当然の結果であるが、職場の人事管理や雰囲気づくりも現場の指導者によるところが大きいと思われる。これらのことから今後は、介護現場の中間管理職の養成も必要であることが示唆された。

翻って現在の国による福祉・介護人材確保対策の取組の現状をみると、まずこれまでの方針から一歩踏み込んだ動きとして、2007年8月には1993年に策定された「社会福祉事業に従事する者の確保を図るための措置に関する基本的な指針」を見直し（厚生労働省 website）、国や地方公共団体、経営者、関係団体等が行うべき人材確保のための取組を整理した。この人材確保指針の見直しでは、1）労働環境の整備の推進、2）キャリアアップの仕組みの構築、3）福祉・介護サービスの周知・理解、4）潜在的有資格者等の参入の促進、5）多様な人材の参入・参画の促進、の5つの視点を柱としている。とりわけ、本研究で課題とする定着促進については1）労働環境の整備の促進、および2）キャリアアップの仕組みの構築が重要な取組である。そこで、次に現在の国による介護人材確保の取組について、実証研究の結果をもとに若干の意見を述べることとする。

(1) 労働環境の整備の促進

国は労働環境の整備の促進として、1）給与、2）介護報酬等の改定、3）労働時間、4)労働関係法規等の遵守、5)健康管理対策等、6)職員配置、7)福利厚生、8)適正な雇用管理の推進、9）業務の省力化等を掲げている。このうち給与については、先述のとおり2009年から2011年までの時限措置として介護職員の給料を月額平均15,000円引き上げる介護職員処遇改善交付金を創設した。しかし、実際には給与としてではなく一時金や諸手当等により対応している事業者が多く、2012年以降の対応が注目されていた。社会保障審議会介護給付費分科会による「平成24年度介護報酬改

定に関する審議報告（案）」(website) では、介護職員の根本的な処遇改善には、補正予算のような一時的な財政措置ではなく、事業者の自主的な努力が前提としながらも介護報酬において対応することが望ましいとしている。その結果、2012年度の介護保険法の改正（「介護サービスの基盤強化のための介護保険法等の一部を改正する法律」）では介護職員処遇改善加算が創設された。給料は全産業と比較して依然として低いが、給料引き上げの対策としては一定の評価ができる。ただ、2012年度の第5期介護保険事業計画からは、各都道府県の財政安定化基金を取り崩して介護保険料の軽減に活用することとなっており、このような厳しい介護保険財政の下で、介護職員の処遇改善加算をさらに求める大幅な介護報酬の改定は現実的ではない。したがって、本研究の結果からも明らかなように、賃金以外の方策による介護人材の定着促進を考える必要がある。

　但し、今回の改正では、介護事業所における労働関係法規の遵守を徹底し、事業所指定の欠格要件および取消要件に労働基準法等違反者を追加することになり、介護労働者の権利を守り、最低限の労働環境を整えるという点で有効と思われる。

(2) キャリアアップの仕組みの構築

　本研究の結果から明らかになった教育・研修による能力開発の必要性について、キャリアアップの仕組みの構築のなかで、経営者や関係団体等に向けて、働きながら国家資格（介護福祉士）を取得できるよう配慮することや、職場内や外部の研修の受講機会（OFF-JT）の確保に努めることが謳われている。また、介護サービス分野におけるキャリアパスに対応した生涯を通じた研修体系の構築を図ることや施設長や介護従事者に対する研修の充実を図ることも謳われている。

　一方、2012年度の介護保険法改正では、医療と介護の連携強化、高齢者の住まいの整備、認知症対策の推進、保険者機能の充実、保険料の上昇の緩和に加え、介護人材の確保とサービスの質の向上も含まれる。しかし、指針で謳われている研修に関する施策は今回の改正では言及されておらず、具体的に実行に移すためのインセンティブも見当たらない。これで

は絵に描いた餅になり兼ねない。指針のなかで国は労働者の主体的な能力開発の取組を支援する教育訓練給付制度を適切に運営することとされているが、この制度は厚生労働大臣の指定する教育訓練を受講し修了した場合にハローワークから費用が支給される仕組みで、対象となる講座は訪問介護員等に止まっている。したがって、日常の介護技術や知識、国家資格取得支援のための様々な研修等とは趣旨が異なる。

　研修で必要な内容は、日常の介護に活かせる介護技術の習得や認知症ケアの技術向上であり、さらには国家資格取得支援のための研修である。それらを国としてどのように支援すればよいのかを考える必要がある。指針として謳うだけでなく具体的なインセンティブとなるような施策を考えなければ、介護現場の状況はいつまで経っても変わらない。

　そこで、考えられるのが、職員の研修参加率（1年）や研修費用（1人1年）を公表することである。研修参加率が高い事業所や研修に十分な費用をかけている事業所には介護報酬で僅かでも加算をつけたり、事業所情報のなかで公表する。幸い、今回の改正で情報公表制度の見直しが行われ、公表される情報の充実を図ることが目指されている。都道府県は介護事業者の希望に応じて介護サービスの質・介護従事者に関する情報を公表するよう配慮する規定を設けることになったことから、このなかで各事業所の研修の参加率等を公表することで、雇用者側へのインセンティブになると思われる。

　2013年9月4日に開催された社会保障審議会介護保険部会第47回では、介護人材の確保について、①参入の促進、②キャリアパスの確立、③職場環境の整備・改善、④処遇改善の視点で取組を推進していく必要性について議論している。会議の資料（社会保障審議会　2013）で、埼玉県における介護人材の確保・定着に向けた取組（2013年度より）が報告されている。埼玉県では、「介護職員しっかり応援プロジェクト」として、県、老人福祉施設協議会、社会福祉協議会、老人保健施設協会、在宅福祉事業者連絡協議会、認知症グループホーム・小規模多機能協議会等によるプロジェクトチームを設置し、①介護職のイメージアップ、②魅力ある職場づくりの促進、③介護職員の給与アップ、の取組を行っている。具体的には離職率

が低い事業所や資格取得に積極的な事業所等を表彰したり、優れた処遇を行った介護職員や事業所を表彰するといった表彰の実施である。本取組は先に述べた都道府県の情報公表を活用して雇用者にインセンティブを与える方法を具現化したもので、介護人材の定着に向けて成果が期待される。ただし、まだ始まったばかりの取組であるためその効果を検証し、今後の継続的な成果に繋げる必要があると思われる。

(3) ケアプラン指導の仕組みの構築や研修内容及び方法の再検討

在宅サービスにおける介護労働者としてケアマネジャーを対象として施設サービスの介護職員と同様の分析を行ったが、得られた結果は異なり、施設サービスと在宅サービスの制度上の違いが表れたと言える。すなわち、資格要件として専門職で5年の経験を求められるケアマネジャーは、介護職員よりも一般に年齢層が高く、賃金も高いため、賃金に対する満足度よりも、どのように評価されるかということや仕事のやりがい、職場の人間関係に対する満足度が重要であった。

一方でケアマネジメントについて、ケアプランの記載方法や課題分析が十分でないといったケアプラン作成に関する課題や、利用者や家族および主治医からの情報収集が十分でなくアセスメントが適切にできていないこと等が、今後取り組むべき課題として指摘されており、介護報酬における対応に加えて、根本的なケアマネジメントのあり方について検討がなされているところである。

その中で、ケアプラン点検を担当する行政職を対象としたケアプラン点検の研修を拡充することや、保険者によるケアプラン点検を必須とすることが提言されている。ケアマネジャーにとって主な評価の対象となるケアプランの中身や作成方法について検証する仕組みは、ケアマネジメントの質を向上させ、仕事のやりがいを感じる貴重な機会になると思われることから、行政職による点検という意味合いで実施することが効果的かどうかについては疑問が残る。保険者が率先して行うことは重要であるが、その場合「宝塚方式」[1]のような多職種の専門職チームによる継続的なケアプラン研修指導の仕組みを採用することが望まれる。保険者の責任において、

地域の医療・保健・福祉の専門職による継続的なケアプラン研修指導を行ない、当該圏域担当の地域包括支援センターから主任ケアマネジャーらの参加を得て共に事例を検討し、地域課題として情報を共有することが重要である。なぜなら、このような地域の専門職による協働がなく、行政職による点検だけでは、地域におけるケアマネジャーの認知度を高めたり、ネットワークを構築したりすることにはつながらないのではないかと危惧されるからである。

その他、ケアマネジメントのあり方についての検討の中で、研修における演習・実習の強化が提言されており、今後は研修カリキュラムの教材となる事例の検討が行われ、実践力を身に付けるための演習あるいは実習時間の検証も指摘されている。

これらは、本研究の結果から得られた研修の方向性と整合するものであり、経過を注意深く見守りながら、さらに研修等の具体的な事例を積み重ねることで継続的に評価を行うことが今後の課題である。

最後に、2013年8月6日に社会保障制度改革国民会議報告書が提出され、現在は2015年度からの第6期介護保険事業計画策定に向けた制度改正が行われようとしている。今回の制度改正は、利用者負担の見直し、補足給付における資産の勘案、介護サービスの効率化・重点化等、2005年の介護保険法改正にも匹敵すると言われる大きな改革になると予想されている。社会保障審議会介護保険部会は、社会保障制度改革国民会議の報告書を受けて矢継ぎ早に会議が開催され、①地域包括ケアシステムの構築、②生活支援、介護予防等、③認知症施策の推進、④介護人材の確保、⑤在宅サービス、⑥施設サービス、のテーマについて議論が交わされている。

団塊の世代が75歳以上になる2025年度に向け、地域包括ケアシステムを構築し、在宅サービスを充実していくために介護人材の確保は深刻な課題であるとの認識に立っているとすれば、介護人材の確保についても先の6つのテーマのなかでも特に喫緊の重要なテーマとして検討しなければならない。急速に高齢化するアジアを始めとする国々も同じように介護人材不足に直面するため、国際社会のなかでいち早く超高齢社会を迎えた日本の状況を注目している。今後、要介護高齢者を支える介護人材をどのよう

に処遇し、質を担保するなかで定着促進を実現するのかを世界に先駆けて示していくことも重要な役割と思われる。

注

1 「宝塚方式」とは、2003年10月より宝塚市において実施している「ケアプラン指導研修事業」のことで、筆者（高齢者福祉研究者）を含め、医師2名（精神科医および内科医または整形外科医）、保健師1名、ケアマネジャー1名の5名からなるケアプラン研修委員のチームにより毎月ケアマネジャーから提出された2事例について（各1時間）指導を行なうものである。ケアマネジャーはケアプラン指導を受ける前に利用者から同意を得たうえで事例を提出し、圏域の担当地域包括支援センター職員（2006年までは市職員）が利用者宅を訪問してヒヤリングを行い、利用者アンケート票および利用者調査員記録を作成し、ケアプラン帳票をまとめる（資料参照）。研修委員は事前にそれらを読んだ後、ケアプラン指導研修会議を開催し、ケアマネジャー（同事業所より複数名同席可能）にそれぞれの専門分野を生かした助言・指導を行なう。会議には5名の委員のほか、地域包括支援センターの主任ケアマネジャー、事務局（市介護保険課職員）も同席する。さらに、研修後事務局から研修会議で出された意見をもとに、指導の結果および総評を文書（ケアプラン研修チームケアマネジメント評価）にて通知する。2012年12月までで約90回、180事例についてケアプラン指導研修を実施し、これまで市内の事業所をほぼ網羅し、市全体でケアマネジャーの質の担保および向上を目指している。

引用・参考文献

社会保障審議会　介護給付費分科会（website）第 87 回（2011.12.5）
　　　資料 1-2「平成 24 年度介護報酬改定に関する審議報告（案）」
　　　(http://www.mhlw.go.jp/stf/shingi/2r9852000001xc5b-att/2r9852000001xc7p.pdf) 2012/12/10.

厚生労働省（website）「社会福祉事業に従事する者の確保を図るための措置に関する基本的な指針の見直しについて」
　　　(http://www.mhlw.go.jp/bunya/seikatsuhogo/dl/fukusijinzai_0001.pdf) 2012/12/10.

社会保障審議会　介護保険部会　第 47 回（2013.9.4）資料 3「介護人材の確保について」
　　　(http://www.mhlw.go.jp/file/05-Shingikai-12601000-Seisakutoukatsukan-Sanjikanshitsu_Shakaihoshoutantou/0000021718.pdf) 2013/9/28.

資料　宝塚市ケアプラン指導研修事業　関連資料一式

　ここに示す資料は、宝塚市で2003年10月より実施している「ケアプラン指導研修事業」において使用している調査票および評価に際して記入する書式で、これまでに何度か変更を加えた最新版である。

　実際のケアプラン指導研修では以下の資料を事前に読み、1時間の指導研修の場でのやりとりを踏まえて、各委員がケアマネジメント評価表に記入する。

1) 利用者アンケート票
2) 介護支援専門員アンケート票
3) 自己チェック項目
4) アセスメントシート
5) 居宅介護サービス計画書
6) サービス提供票
7) サービス担当者会議の要点
8) 居宅介護支援経過
9) 介護認定審査会資料

後日、事務局より5人のケアプラン指導研修委員会委員の評価表をまとめてケアマネジャーに返却する。

利用者アンケート票

該当の欄に○を付けて下さい

		はい	いいえ	その他(記述)
1.	第一印象は好感が持てましたか。			
2.	介護保険の制度全般についての説明を受けましたか。			
3.	あなたの状況や要望を十分聞いてくれますか。			
4.	あなたの生活に必要な介護保険制度以外のサービスの説明もありましたか。			
5.	あなたが必要なときに連絡がとれますか。			
6.	サービス提供方法等についてわかりやすく説明をしてくれますか。			
7.	契約に際し次の事項は説明がありましたか。			
	①運営規定について			
	②秘密を保持するための仕組み			
	③事故発生時の対応			
	④苦情処理の体制			
8.	ケアプランの目標、サービス種類、スケジュールについてあなたや家族と話し合いましたか。			
9.	あなたの家族に、サービスを押し付けるようなことはありませんか。			
10.	医者から受けた指示やアドバイスをケアプラン作成に生かしてもらっていますか。			
11.	あなたや家族の希望は十分伝わっていると思いますか。			
12.	あなたが支払う利用者負担についても説明がありましたか。			
13.	作成されたケアプランで安心してあなたの望む生活が出来ると思いましたか。			
14.	ケアプランについて			
	①ケアプランの内容は説明を受けたとおりでしたか。			
	②サービスに不満はありませんか。			
	③ケアプランを受け取っていますか。			
15.	ケアマネジャーが開催するサービス担当者会議についてご存じですか。			
16.	サービスについて			
	①あなたに変化があったときやサービスを変更したいとき、サービスに不満があるときなど、必要に応じて話を聞いてくれてプランの変更を速やかに行ってくれますか。			
	②ケアマネジャーが毎月訪問をしてサービスについてあなたや家族の意見を聞き入れてくれますか。			

利用者調査員記録

1. 本人・介護者の状況補足

2. 本人・家族のケアマネジャーに対する感想

3. 調査員が感じたケアマネジャーの力

介護支援専門員アンケート票		提出日　　年　　月　　日
提出者名	ケアマネ 従事年数　　　年	担当ケース数　　　　　　　人
所有資格（ケアマネの受験資格）		
所属事業所名	貴事業所のケアマネ数　約　　　　人	
所在地	TEL	
このプランを選定した理由 （Ex　アドバイスが欲しいポイント等）		
このプランの自己評価 （該当に○）	・プランは上手く機能しているが、アドバイスを受け、今後に役立てたい。 ・プランに、自信がないのでアドバイスを受け、今後に役立てたい。 　（自信が無いところを記入してください。） ・プランが上手く機能しないため、アドバイスを受け、今後に役立てたい。 　（上手く機能しないところを記入してください。） ・その他	
このプランの初回アセスメント日　　　年　　月　　日（ケアマネ変更に伴う初回面接日） モニタリングの実施回数　　　　　　回		
援助を開始してから現在に至るまでの変化 ・本人 ・家族		
このプラン作成にあたり苦労していること、工夫していること等		
ケアプラン指導研修会議に同席し、直接のアドバイスを希望しますか。 　　　　　する　　　参加予定　　　人　　　　　　　しない		

該当の欄に○を付けて下さい

	自己チェック項目（提出事例について）	はい	いいえ	その他(自由記載)
1.	相手に不快感を与えないための心遣いをしていますか。			
2.	初回面接時に介護保険制度について、わかりやすく説明しましたか。			
3.	利用者が今後どのような生活がしたいか、包括的に聞いていますか。			
4.	介護保険制度以外のサービスについても説明しましたか。			
5.	あなたが不在でも、利用者からの連絡に応えられる工夫をしていますか			
6.	サービス提供方法等について理解しやすく説明をおこなっていますか。			
7.	次の重要事項を説明しましたか。			
	①運営規定の概要			
	②秘密を保持するための仕組み			
	③事故発生時の対応			
	④苦情処理の体制			
8.	利用者の生活の実態を具体的に捉えていますか。			
9.	利用者・家族の意向を十分反映して、かつ、どちらにも偏らないように配慮しましたか。			
10.	認定審査会や主治医の意見を反映していますか。			
11.	解決すべき課題（ニーズ）について利用者に説明して、今後の方針の同意を得ていますか。			
12.	利用者の支払える負担額などについて、十分に話を聞いた上でプランを作りましたか。			
13.	介護保険制度以外のサービスやインフォーマルなサービスについて、日ごろから情報収集して生活全体を支援する視点でプランを作成していますか。			
14.	次の点で利用者に不安を与えないプランとなっていますか。			
	①提供されるサービスの内容の記載は具体的でわかりやすいですか。			
	②提供されるサービスの質について情報を収集していますか。			
	③利用者と家族にケアプランを説明しましたか。			
15.	サービス担当者会議は開催しましたか。			
	①開催について、利用者及び家族の同意は得ていますか。			
	②サービス担当者会議が開催できるよう業務の工夫をしていますか。			
	③結論や今後の課題は共有できましたか。			
16.	次の点でケアプランの実施状況が利用者にとって適切かどうか把握していますか。			
	①現在のケアプランに支障があると判断した場合、速やかにアセスメントをし直して新しいプランの作成を行っていますか。			
	②毎月訪問をして利用者と家族の様子を見守っていますか。			
	③サービス事業者が作成しているサービス計画書を入手していますか。			

事例提出されたケアマネジャーの方へのアンケート調査

受付番号（事務局記入）	
事例氏名	
事業所名	

※今回の提出事例についてうかがいます。

1 ケアプラン作成に当たっての事前手続きについて

 問1 利用者や家族の同意を得て、認定調査票や主治医意見書の情報開示を行っていますか。

| 1 | はい | 2 | いいえ |

 問2 利用者や家族の了解を得て、主治医と連絡を取っていますか。

| 1 | はい | 2 | いいえ |

 問3 利用者と家族に対して、秘密保持やプライバシー・人権の尊重について事前に説明し、個人情報収集とサービス提供のルールについて伝えていますか。

| 1 | はい | 2 | いいえ |

 問4 あなたはケアプランの契約をどのように行いましたか。

| 1 本人が十分理解できたので、本人と契約した。 |
| 2 本人は判断能力に問題あり、家族等と行った。 |
| 3 契約書は未整備である。 |
| 理由 |

 問5 あなたは利用できる介護サービスや利用料について、利用者に説明しましたか。

| 1 | はい | 2 | いいえ |

 問6 あなたは複数のケアプラン、または利用者の必要に応じて修正したプランを作りましたか。

| 1 | はい | 2 | いいえ |

 問7 あなたは利用者の体調や生活状況、希望をどのようにケアプランに反映したのか、利用者に説明しましたか。

| 1 | はい | 2 | いいえ |

 問8 介護サービスを改善していくために、あなたと介護サービス提供者、利用者が一緒に話し合う機会（サービス担当者会議）を持ちましたか。

| 1 | はい | 2 | いいえ |

2 ケアプラン作成見直しについてうかがいます。

 問1 利用者は、ケアプランに基づいて必要な介護サービスを受けることができていると思いますか。

| 1 | はい | 2 | いいえ |

 問2 利用者の体調や生活状況、希望を踏まえてプランの見直し・修正をしていますか。

| 1 | はい | 2 | いいえ |

 問3 当事例についてモニタリングによりケアプランの見直しを行いましたか。

| 1 | はい | 2 | いいえ |

 問4 問3の答えを「1　はい」と答えた方にうかがいます。
    見直しの動機・要因等をご記入ください。

（見直し実施回数は支援期間　　カ月の内　　　回）

問5 あなたが作成した、本事例のケアプラン全体についてあなたはどの程度満足していますか。

1	2	3	4	5	6	7
大変満足	満足	どちらといえば満足	どちらともいえない	どちらといえば不満	不満	大変不満

問6 問5で「4 どちらともいえない」、「5 どちらかといえば不満」、「6 不満」、「7 大変不満」と回答した方にうかがいます。
不満を感じた理由は何ですか。あてはまるすべての番号に○をつけてください。

1	ケアプランの申込みからサービス開始まで時間かかる
2	サービスの利用できる回数が少ない
3	希望するサービス（　　　　　　　　　　　　　　　）が受けられない
4	希望する曜日が合わない
5	希望する時間帯が合わない
6	利用料（自己負担額）が大きな負担になっている
7	サービス担当者とうまくいかない
8	その他（理由をお書き下さい）

問7 アセスメント等の記録の開示を求められた場合、利用者や家族に速やかに開示できる状態にありますか。

1	はい	2	いいえ

問8 利用者や家族が、それぞれ内密にしておきたい事項について守秘する工夫をしていますか。

1	はい	2	いいえ
↓			

問9 問8で「1　はい」と回答した方にうかがいます。工夫している方法についてご記入ください。

問10 本事例のケアプランの作成・見直しをする中で、これまでに苦情を言われたり、トラブルになった経験がありますか。

1	はい	2	いいえ
↓			

問11 問10で「1　はい」と回答した方に伺います。
本事例について、苦情やトラブルなどの具体的な内容についてご記入ください。

問12　サービス担当者会議を開催しましたか。（居宅支援事業所所属職員のみの会議を除く）

| 1 | はい | 2 | いいえ |

↓

問13　問12で「2　いいえ」と回答した方について伺います。開催しなかった理由をご記入ください。

問14　本事例のケアプラン作成、サービス提供等で困ったこと・問題点等がありましたら、ご記入下さい。

問15　本事例のケアプラン作成に関することに工夫した事がありましたら、ご記入ください。

問16　その他、居宅支援に関する課題等ありましたら、ご記入ください。

以上で終わります。ご協力ありがとうございました。

ケアプラン研修チーム　ケアマネジメント評価

事業者名		様
ケアマネジャー名		様
事例氏名		様

提出いただいた事例につきまして、次のとおり評価いたしました。
平成　年（　　年）　　月　　日　　宝塚市ケアプラン指導研修チーム

No.		○又は△評価	備考
1	インテーク		
	①接遇やマナーはどうか。		
	②介護保険制度の説明は十分か。		
	③利用者や家族の希望・意見を尊重しているか。		
	④介護保険制度以外のサービスも視野に入れているか。		
	⑤迅速な対応をしているか。		
	⑥サービス提供方法についての説明は十分か。		
	⑦重要事項・契約書の説明は十分か。		
2	課題分析票		
	(1) 以下利用者の生活実態を具体的に捉えているか。		
	①相談内容（主訴）		
	②利用者の健康状態・治療・受診等の状況		
	③利用者の心身機能等の状況		
	④社会交流（仲間や地域との交流）の状況		
	⑤住宅の状況		
	⑥経済の状況		
	⑦社会資源の活用状況		
	(2) 公平・中立な対応となっているか。		
3	ケアプラン第1表		
	①利用者や家族の介護に対する意向をとらえているか。		
	②認定審査会の意見や主治医の意見が反映されているか。		
	③ADLやQOLの向上を目指しているか。		
	④自立を目指した総合的な援助方針となっているか。		
4	ケアプラン第2表		
	①生活全般の解決すべき課題が整理されているか。		
	②課題に対して、長期目標、短期目標、期間が具体的で達成可能なものとなっているか。		
	③それぞれの目標に対して以下の対策が立てられているか。		

	・A　介護内容		
	・B　サービス種類		
	・C　回数		
	④検討した方がよいと思われる対策はあるか。		
	・A　介護内容		
	・B　サービス種類		
	・C　回数		
5	週間サービス計画表		
	①利用者の過ごし方を把握し、ニーズを解決するための計画が立てられているか。		
	②サービスがない日でも生活が安定するよう配慮しているか。		
6	利用者への提示		
	①利用者及び家族にケアプランを提示して、説明をした上で、同意を得ているか。		
7	サービス担当者会議		
	①利用者及び家族の同意を得たか。		
	②連絡調整の課題設定及び招集メンバーは適当か。		
	③結論や今後の課題が共有できたか。		
8	モニタリング		
	①モニタリングは必要に応じ、実施されているか。		
	②モニタリングの結果をケアプランに反映しているか。		
9	ケアプラン総評　　　　　　　　　　　　　　　　　　　　　　　　　　　　　　　　　　　　※全体を通して改善点、良いと思われる点など、今後の活動に生かせるようなアドバイスを箇条書きに記入		

謝　辞

　本書は大阪大学大学院国際公共政策研究科の博士論文を基に加筆修正し、改めてまとめたものです。博士論文の作成に際して、大阪大学大学院国際公共政策研究科山内直人教授、同赤井伸郎教授、同野村茂治教授より多方面にわたり熱心なご指導をいただきました。明石工業高等専門学校講師の石田祐氏、福岡工業大学ポスドク研究員の立福家徳氏は共同研究の過程で私の様々な質問に応じ、議論を尽くすことに辛抱強くお付き合い下さいました。神戸大学大学院経済学研究科奥山尚子准教授には社会人学生の事情を理解し、良き相談相手として入学から修了まで支えていただきました。また、東京学芸大学田中敬文准教授には、大学院で再び学生として研究生活をするなかで、折々に声をかけて応援していただきました。社会福祉学の視点と経済学からの視点を融合することができたのも大阪大学大学院国際公共政策研究科の皆様が学際的な研究を奨励し、多角的に物事を捉える重要性と面白さを教えて下さったお蔭です。特に指導教官の山内直人教授には、博士後期課程で学ぶ機会を与えていただき、大学院で他の学生たちと共に研究を進める過程で多くの貴重な教えを授けて下さいました。ここに改めて皆様に深甚な敬意と感謝の意を表します。

　これまで本当に多くの先生や先輩にご指導いただきました。東京で初めて研究職に就いた時お世話になった前田大作先生と冷水豊先生には、研究者に必要な熱意と不断の努力を身を以て教えていただきました。関西学院大学に着任後は、高齢者福祉研究の師、関西学院大学名誉教授浅野仁先生が共同研究や共著の機会を下さり、様々な面で優しく導いて下さいました。また、関西学院大学芝野松次郎教授、同室田保夫教授、同牧里毎治教授は、いつも研究の進捗状況を気にかけて下さり、いろいろな場面で背中を押して下さいました。さらに、同小西加保留教授には共同研究の機会をいただきました。ここに心よりお礼申し上げます。そして学部時代より長い年月にわたりご指導下さり、私を高齢者福祉研究の道に導いて下さった恩師関西学院大学名誉教授、故荒川義子先生に敬慕と感謝の想いをお伝え

したいと思います。

　本書では、以下のデータを用いました。東京大学社会科学研究所付属社会調査・データアーカイブ研究センター SSJ データアーカイブより提供を受けた財団法人介護労働安定センターによる「介護労働実態調査 2006、2008」、および平成 21 〜 23 年度科学研究費補助金（基盤研究 B）（課題番号：21330144）「高齢者保健福祉専門職の離転職の要因分析と専門職支援の可能性の検討」（研究代表者：石川久展）です。調査にあたっては、施設の介護職員の皆様、地域包括支援センター職員の皆様にご協力いただきました。調査に応じて下さった皆様、データの提供者および関西学院大学石川久展教授をはじめとする共同研究者の皆様に、ここに深い謝意を表します。

　また研修の企画から実施、受講者のフォローアップ調査等により、実際にどのような研修が効果的なのかを探る機会を与えていただいた神戸市保健福祉局の方々および共に参画して下さった神戸女子大学冨永雅和教授、神戸学院大学相澤譲治教授、特別養護老人ホーム・ケアホーム長田施設長、山内賢治氏に感謝いたします。さらに介護保険制度開始早々にケアマネジャーのケアプラン指導研修委員会に参加する機会を与えて下さった宝塚市介護保険課の方々および委員会の先生方に長年にわたりご協力いただいたお礼を申し上げます。

　振り返ると子育てや介護と仕事の両立は決して容易なものではありませんでしたが、家族や友人、同僚たちがいつも支えてくれました。慣れない東京の地で子育てと仕事の両立に奮闘していたとき、温かく見守り、育児を手伝って助けてくれた亡き義父母、大和義惟と真澄、小さいころからずっと私の応援団でいてくれた尊敬する亡き父母、水野昇と好子、その両親の介護を一手に引き受けて私の研究生活を支えてくれた姉、美保、私の子どもたちを孫のように可愛がり世話をして慈しんでくれた亡き叔父、中下秀明、人生の大半を共に過ごし喜怒哀楽を共有してきた掛け替えのない友人たち、子どもの病気や学校行事などで仕事に調整が必要なとき理解し協力して下さった同僚や先輩方に心から感謝します。

　最後に、母親として十分なことをしてやれなかったにもかかわらず、い

つも笑顔で幸せと元気をくれた私の愛する子どもたち、真平と美樹に「ありがとう」の気持ちを伝えます。家族に絆と無条件の愛を教えてくれた愛犬 Woody にも感謝します。そして、同じ留学生として Chapel Hill で出会ってから今日まで、良き理解者として、同志として、心強いサポーターとして、激励してくれた夫、真樹に心から感謝します。

　本書を刊行するにあたり関西学院大学研究叢書として出版助成をしていただいた関西学院大学に拝謝いたします。出版に際しては、関西学院大学出版会の田中直哉氏およびスタッフの方々に大変お世話になりました。

　その他、ここに書き記すことができないほど多くの方々からご厚情を賜りました。その全ての皆様に衷心よりお礼申し上げます。

　　2013 年 9 月

　　　　　　　　　　　　　　　　　　　　　　　　大和　三重

初出一覧

第2章　介護人材の定着促進要因の検討
大和三重（2012）「少子高齢化社会と高齢者福祉──介護を支える人的資源の研究」
芝野松次郎・小西加保留編『社会福祉学への展望』相川書房，pp. 131-146.
　　以上を元に加筆修正

第3章　施設で働く介護職員の定着促進要因
大和三重（2010）「介護労働者の職務満足度が就業継続意向に与える影響」『介護福祉学』17（1），pp. 16-23.
　　以上を元に加筆修正

第4章　介護老人福祉施設における介護職員の離職要因
大和三重・立福家徳（2013）「介護老人福祉施設における介護職員の離職要因──賃金と教育・研修を中心とした施設体制が離職率に与える影響」『人間福祉学研究』6（1），pp. 33-45.
　　以上を元に加筆修正

第5章　在宅サービスを調整するケアマネジャーの定着促進要因
大和三重・立福家徳（2013）「ケアマネジャーの定着促進要因に関する実証分析──『介護労働者の就業実態と就業意識調査2008』を用いて」『老年社会科学』35（3），pp. 311-320.
　　以上を元に加筆修正

索引

人名索引

アルファベット

A
Acker, R 50, 60
Anderson, R 68, 83

B
Banaszak-Holl, J. 68, 83, 92, 106
Berkenstock, G. 60
Brannon, D 68, 83, 92, 106

C
Carner, E. 60
Castle, N. G. 68, 83, 92, 106
Chess, A. 50, 60
Corazzini, K. 83

D
Davis, J. 83, 106
Dill, J. 68, 83
Donoghue, C. 68, 83

E
Engberg, J. 68, 83, 92, 106

G
Gleason-Wynn, P. 49, 60
Griffith, W. 60

H
Hand, H. 60
Hellman, C. 49, 60
Herzberg, F. ..... .31, 45, 48, 60, 93, 106, 119, 124
Hines, M. 68, 83, 92, 106
Hulin, L. 60

J
Jankowski, T. 49, 60
Jayaratne, S. 50, 60

K
Kendall, M. 60
Konrad, T. 83

L
Leana, C. 83
Lee, J. 31, 45
Lindsay, S. 49, 60

M
McDaniel, R. 83
Mindel, H. 49, 60
Mittal, V. 83
Mobley, H. 49, 60
Morgan, J. 83
Mor, V. 83, 106

P
Porter, W. 49, 60
Purk, J. 49, 60

R
Rogers, C. 146, 147
Rosen, J. 68, 83

S
Simons, K. 49, 60
Smith, C. 48, 60
Steers, R. 49, 60
Stiehl, E. 83

V
Vroom, H. 48, 60

W
Waxman, H. 50, 60

Z
Zinn, J. S. 83, 106

かな

あ
相澤讓治 124
浅野仁 49, 62

い
石井加代子 67, 85
石川久展 49, 62, 113, 124
一瀬智弘 84
井手孝美 91, 106
伊藤幸子 100, 107
井村弘子 91, 107

う
上野善子 112, 125
植村直子 125

宇野裕 84

お
大日康史 84
大津廣子 84
大友芳恵 114, 124
大守隆 66, 84
大和田猛 16, 27
大和三重 92, 108, 124
岡田進一 107, 139, 147
岡本多喜子 62
奥西栄介 16, 27
越智あゆみ 91, 107

か
香川幸次郎 61
笠原幸子 49, 61
加藤寛 124
金谷信子 92, 107
金子務 91, 107

き
菊池和則 139, 147
金城八津子 125

く
窪田悦子 91, 107
倉石哲也 120, 124
黒川昭登 59, 61, 119, 124
黒木保博 120, 124
黒田研二 60, 67, 83

こ
高良麻子 49, 61, 91, 107

さ
齋藤愼 66, 84
三枝公一 91, 106

酒井佐枝子 124
坂田周一 62
佐藤博樹 49, 57, 61
佐藤ゆかり 49, 61, 106
澤田有希子 49, 62, 113, 124

し

志渡晃一 114, 124
篠塚英子 66, 84
渋谷久美 61
冷水豊 49, 57, 62, 114, 124
下野恵子 67, 79, 84, 92, 108
周燕飛 67, 84, 92, 108
白澤政和 107

す

須加美明 49, 62
杉澤秀博 18, 27

た

高木博史 22, 27
武井幸子 114, 124
田坂治 84

ち

張允楨 49, 60, 67, 83

つ

津田耕一 120, 124
筒井孝子 112, 125
津村俊充 139, 147

て

寺澤弘忠 79, 85

と

東條光雅 49, 62

な

中井英雄 66, 84
長三紘平 60
中嶋和夫 61
中野隆之 49, 61

に

西川一廉 48, 49, 50, 61
西島衛治 112, 124

の

野寺康幸 23, 27

は

畑下博世 125
畑智恵美 91, 106
花岡智恵 67, 77, 79, 84, 92, 106
馬場純子 91, 106
濱本賢二 67, 84, 92, 106

ふ

福渡靖 49, 61
古瀬みどり 91, 106

ほ

細羽竜也 92, 106
堀田聰子 49, 57, 61
堀部徹 106

ま

前田大作 49, 62
牧田潔 113, 124
松岡克尚 124
松岡洋子 104, 107

も

望月宗一郎 113, 124

や

山井理恵 91, 108
山内直人 92, 107
山口ひろみ 67, 85
山口真人 139, 147
山田篤裕 67, 85

り

李政元 31, 45, 48, 49, 61

わ

渡邉健 49, 62
渡部律子 92, 108

事項索引

あ

aging in place 89, 104
アセスメント 5, 8
インフォーマル 90
衛生要因 31
NPO（特定非営利活動法人） 102
OJT 79, 80
オッズ比 55

か

介護職員処遇改善交付金 59
介護サービス計画（ケアプラン） 19
介護サービスの質 161
介護市場 4
介護従事者 65, 161
介護職員 21, 31
介護職員処遇改善交付金 47, 66
介護人材 5, 21, 161
介護の社会化 3
介護福祉士 78, 82
介護負担 29
介護報酬 3, 30, 44
介護保険給付 19, 20
介護保険制度 3, 8, 26
介護保険法 3
介護予防ケアプラン 111, 123
介護療養型医療施設 69
介護老人福祉施設（→ 特別養護老人ホーム） 4, 8, 18, 21, 30, 69
介護老人保健施設 69
介護労働安定センター（(財)介護労働安定センター） 8, 50, 63, 70, 86, 94, 109
介護労働者 5, 21
家族介護 15
キャリアパス 4, 42, 56, 160
教育・研修 70, 76, 77
居宅介護支援事業所 94
居宅ねたきり老人実態調査 15
ケアプラン 90, 100

ケアマネジメント 92, 100, 102, 104
ケアマネジャー（介護支援専門員） 4, 89, 104
研修カリキュラム 163
研修参加率 161
研修費用 161
更新制度 93
公費負担方式 17
高齢者福祉 4
高齢者介護・自立支援システム研究会 16
高齢者保健福祉推進10か年戦略（ゴールドプラン） 16, 17, 26
雇用管理 57, 58, 70
コントロール変数 56, 121
困難事例 120

さ

在宅サービス3本柱 16
在宅（福祉）サービス 4, 16, 18, 22
3Kの仕事 23
三大介護 55
施設（福祉）サービス 18
私的介護 17
社会的入院 15, 26
社会的評価 121
社会福祉協議会 101
社会福祉士 112, 120
社会福祉法人 92, 101
社会保険方式 17, 18
社会保障制度改革国民会議報告書 122
重回帰分析 115
就業継続意向 50
収支差率 90
主成分分析 71
主任ケアマネジャー 112, 120
ショートステイ 16
職場の人間関係 54, 57, 100, 121
職務満足度 51, 99, 117
事例研究 137, 138
新ゴールドプラン 17
人材育成 158
人材確保 159

人材不足 23
スーパーバイザー 59, 119
スーパービジョン .40, 41, 48, 58, 59, 119
ストレス 80, 91, 113
専門性 22, 23, 24, 120
早期離職 22, 30
相対賃金 67
ソーシャルサポート 113, 114
ソーシャルワーカー 49, 59
組織特性 101
措置（制度） 18, 22, 66

た

第1号被保険者 18
第5期介護保険事業計画 102
第2号被保険者 18
宝塚方式 162, 165
多様な事業主体 22
地域包括ケア 112, 122
地域包括支援センター .3, 111, 112, 120
チームアプローチ 112, 137, 138, 139
賃金 54, 74, 79
賃金関数 67
デイサービス 16
適切な評価 39
動機づけ要因 31, 48
同性介護 57
トービットモデル 76
特定高齢者 123
特別養護老人ホーム（→ 介護老人福祉施設） 8, 18, 30

な

ナーシングホーム 49, 59, 68, 92
ニーズ 100
日常生活圏域 112
日本型福祉社会 15, 22, 26
2要因理論 31
人間関係 37, 38
認認介護 29
ネットワーク 112, 143, 144

は

バーンアウト 49, 91
非正規雇用 69
福祉関係八法改正 16
不満足要因（→ 衛生要因） 31
平均寿命 8
法人格 92
ホームヘルプサービス 16
保健師 112, 120

ま

マニュアル 80
満足要因（→動機づけ要因） 31
ミッション 102
民間非営利組織 101
モチベーション 122
モニタリング 100

や

ユニットリーダー 42
要介護高齢者 24, 30, 95
要介護度 19
要介護認定 19, 26

ら

ランダムサンプリング 94
離職（率） 23, 24, 26, 48, 70, 76
労働環境の整備 159
労働関係法規 159, 160
労働基準法等違反者 160
労働集約型産業 23
老老介護 29
ロジスティック回帰分析 51, 95

【執筆者略歴】

大和　三重（おおわ　みえ）

1985 年　University of North Carolina, School of Social Work 修士課程修了　MSW.

1987 年　University of North Carolina, Curriculum in Recreation Administration 修士課程修了　MS.

2013 年　大阪大学大学院国際公共政策研究科博士後期課程修了　博士（国際公共政策）．東京都老人総合研究所助手，神戸女子大学文学部専任講師，関西学院大学社会学部助教授を経て，現在，関西学院大学人間福祉学部教授，社会福祉士．

著　書　"The Voluntary and Non-Profit Sector in Japan: The challenge of change"（共著）Routledge Curzon, 2003.
『高齢者福祉論』（共編）川島書店，2005 年.
『ソーシャルワークの理論と方法 II』（共編）みらい，2010 年.
『ソーシャルワークケースブック』（共編）みらい，2012 年.
『社会福祉学への展望』（共著）相川書房，2012 年，ほか.

関西学院大学研究叢書　第 161 編

介護人材の定着促進に向けて
職務満足度の影響を探る

2014 年 3 月 10 日初版第一刷発行

著　者　大和三重

発行者　田中きく代
発行所　関西学院大学出版会
所在地　〒662-0891
　　　　兵庫県西宮市上ケ原一番町 1-155
電　話　0798-53-7002

印　刷　協和印刷株式会社

©2014 Mie Ohwa
Printed in Japan by Kwansei Gakuin University Press
ISBN 978-4-86283-158-3
乱丁・落丁本はお取り替えいたします．
本書の全部または一部を無断で複写・複製することを禁じます．